DU CONTRAT

D'ASSURANCE SUR LA VIE

ENTRE ÉPOUX

DROIT CIVIL — DROIT FISCAL

PAR

Charles DEFRÉNOIS

AVOCAT A LA COUR D'APPEL DE PARIS

Secrétaire de la rédaction du *Répertoire général pratique du Notariat,*
Auteur du *Traité-Form. de l'Assurance sur la vie, des Droits d'hérédité entre époux*
et des *Enfants naturels.*

PRIX : **2 FRANCS** *franco*

PARIS

A L'ADMINISTRATION DU RÉPERTOIRE GÉNÉRAL PRATIQUE DU NOTARIAT

40, RUE D'ASSAS, 40

1897

DU CONTRAT

D'ASSURANCE SUR LA VIE

ENTRE ÉPOUX

Besançon. — Imp. Outhenin-Chalandre fils et Cie

DU CONTRAT

D'ASSURANCE SUR LA VIE

ENTRE ÉPOUX

DROIT CIVIL — DROIT FISCAL

PAR

Charles DEFRÉNOIS

AVOCAT A LA COUR D'APPEL DE PARIS

Secrétaire de la rédaction du *Répertoire général pratique du Notariat,*
Auteur du *Traité-Form. de l'Assurance sur la vie,* des *Droits d'hérédité entre époux*
et des *Enfants naturels.*

PARIS

A L'ADMINISTRATION DU RÉPERTOIRE GÉNÉRAL PRATIQUE DU NOTARIAT

40, RUE D'ASSAS, 40

1897

PREMIÈRE PARTIE

DROIT CIVIL

CHAPITRE PREMIER

Considérations générales

SOMMAIRE.

I. But.
II. Absence de législation.
III. Rédaction des polices ; actes notariés.

IV. Situation ; compagnies françaises.
V. Dépréciation ; causes.

1 — **I. But.** L'assurance sur la vie est, en toutes circonstances, un acte de sage prévoyance ; mais c'est principalement lorsqu'elle est souscrite par un père de famille qu'elle présente ce caractère. Le mari qui contracte au profit de sa femme une assurance sur sa vie n'a d'autre but que de lui assurer, en cas de mort prématurée, une somme qui lui permette de faire face, tout au moins dans une certaine mesure, à ses besoins et à ceux des enfants issus du mariage. A l'homme qui n'a d'autre ressource que le produit de son travail et de son industrie, l'assurance lui donne la sécurité : elle lui permet d'envisager l'avenir sans crainte, certain que s'il venait à disparaître, sa femme et ses enfants ne se trouveraient pas dans la misère.

2 — **II. Absence de législation.** — Les assurances entre époux, en raison de leur caractère éminemment moral, ne sauraient être trop encouragées ; néanmoins, en France, elles n'ont pas obtenu un développement bien considérable. La cause en est dans l'absence de législation sur la matière et l'incertitude de la jurisprudence qui en est la conséquence ; car, au moment où le Code civil a été promulgué, l'assurance sur la vie n'existait pas encore, et, depuis, aucune loi n'a déterminé sa nature juridique. Il a donc fallu la rattacher à la théorie générale des conventions ; la jurisprudence, à défaut du législateur, a dû indiquer les dispositions du Code civil qui étaient applicables à ce contrat d'une nature particulière. Mais les procès multiples auxquels ont donné lieu l'attribution du capital assuré ont jeté un certain discrédit sur les assurances entre époux ; le mari qui contracte une assurance n'est pas certain, malgré toutes les précautions qu'il peut prendre, que le bénéfice

1

revienne à sa femme lors de son décès. Chaque tribunal, comme nous le verrons, a sur l'assurance sur la vie une théorie particulière ; la Cour de cassation ne s'est encore prononcée que sur quelques points. Beaucoup sont encore dans l'incertitude. Il serait temps que le législateur intervînt pour faire cesser toutes les incohérences et fixer des règles précises et équitables en matière d'assurance sur la vie.

3 — III. **Rédaction des polices. — Actes notariés.** — Afin de remédier, dans une certaine mesure, à l'absence de législation, la police devrait être rédigée avec une précision toute particulière, en faisant l'application des règles de la jurisprudence ; mais, malheureusement, les compagnies d'assurances cherchent avant tout des affaires, et elles ne s'occupent nullement des clauses relatives à la désignation du bénéficiaire. Ainsi que nous l'avons dit dans notre *Traité du contrat d'assurance sur la vie*, n° 18, le choix des expressions par lesquelles sont désignés les bénéficiaires est abandonné à un agent de la compagnie, n'ayant souvent aucune connaissance des lois et de la jurisprudence ; il se sert d'expressions qui ne rendent qu'imparfaitement la pensée de l'assuré et ne prévoit pas les conséquences qui peuvent en résulter.

4 — L'assurance sur la vie constitue un véritable contrat, d'une importance souvent considérable : il faudrait que sa rédaction présentât les mêmes garanties qu'un acte ordinaire. L'usage des polices imprimées est absolument défectueux, car le souscripteur n'en prend pas toujours une connaissance bien attentive, et souvent il n'est pas assez initié dans la pratique du droit afin de les discuter. Pour ne citer qu'un exemple, la clause de cession par voie d'endos, que l'on insère habituellement dans les polices, est pleine d'inconvénients : si la police vient à être perdue, la compagnie ne peut en délivrer un duplicata, et, au décès de l'assuré, le montant de l'assurance ne peut être recouvré (voir notre *Traité du contrat d'assurance sur la vie*, n° 17). Ainsi que le conseille M. Dubois, dans son opuscule *Du bénéfice de l'assurance sur la vie*, on agira sagement si, au moment de traiter avec une compagnie, on exige la radiation de cette clause.

5 — Il est donc nécessaire que toutes les conditions de la police soient discutées, examinées. C'est pour ces motifs que nous avons demandé que les polices fussent rédigées en la forme notariée. L'intervention du notaire, disions-nous, serait des plus utiles lors de la rédaction du contrat. En présence de l'agent mandataire de la compagnie, il défendra les intérêts de l'assuré, son client ; il développera sa pensée en termes juridiques ; il rédigera les clauses relatives à la désignation du bénéficiaire et aux conditions accessoires en s'inspirant de la jurisprudence la plus récente et de la connaissance du droit. Le contrat d'assurance sur la vie acquerrait de la sorte une précision et une clarté qui lui manquent actuellement (voir notre *Traité du contrat d'assurance sur*

la vie, n° 19, et Rép. Defrénois, art. 2177, 6. Notre appel n'a pas été entendu par les compagnies; aussi nous croyons inutile de traiter plus longuement cette question et d'indiquer les avantages qui en résulteraient pour les compagnies : nous ne pourrions que répéter ce que nous avons dit.

7 — **IV. Situation; compagnies.** Cependant la situation des compagnies est loin d'être prospère. Leurs opérations diminuent d'une façon considérable. La statistique l'établit trop éloquemment. Donnons quelques chiffres :

8 — Le montant des capitaux assurés par les compagnies avait été, en 1893, de 495,810,673 fr.; il n'a été, en 1894, que de 309,990,440 fr., soit une différence en moins de 185 millions. Ce sont principalement les grandes compagnies qui ont eu à souffrir de cette baisse énorme : ainsi les opérations de la compagnie d'Assurances générales sont tombées de 93,244,270 fr. à 37,056,231 fr., soit une diminution de 56 millions; celles de la Nationale, de 78,573,950 fr. à 31,149,924 fr., soit 47 millions en moins; celles du Phénix, de 62,209,752 fr. à 35,292,420 fr., soit 37 millions en moins; celles de l'Urbaine, de 60,034,738 fr. à 40,384,401 fr., soit près de 20 millions en moins.

9 — Les actions de ces compagnies ont également considérablement baissé : à la compagnie d'Assurances générales, de 74,000 fr. qu'elles valaient en 1874, elles sont tombées à 57,000 fr.; à la Nationale, de 35,500 fr. à 29,000 fr.; au Phénix, de 36,800 fr. à 30,000 fr.; à l'Union, de 9,200 fr. à 4,200 fr.

10 — **V. Dépréciation; causes.** Il nous semble inutile de prolonger ces citations; les chiffres que nous venons de donner suffisent pour établir que les assurances sur la vie périclitent en France. Quelles sont les causes de cette situation excessivement grave ?

11 — L'absence de législation, l'incertitude de la jurisprudence, nuisent au développement de l'assurance : c'est là un point qui n'est pas contestable. Ainsi que nous l'avons dit, il serait temps que le législateur s'occupât de l'assurance sur la vie. Dans la plupart des pays étrangers, il existe des lois sur cette matière; on a reconnu qu'à ce contrat d'une nature particulière, il fallait une législation spéciale. Quand donc nos législateurs le comprendront-ils ?

12 — Mais la diminution énorme dans le chiffre des opérations des compagnies françaises provient d'une autre cause : depuis le 1er janvier 1894, les principales compagnies ont augmenté leur tarif des primes. Sous le prétexte de l'abaissement du taux de l'intérêt, elles ont demandé et obtenu le relèvement de leur tarif. Les conséquences de cette mesure ont été désastreuses pour les compagnies. Y avait-il d'ailleurs nécessité d'augmenter le taux des primes ? On peut en douter, en présence des bénéfices considérables des grandes compagnies, et il est à craindre que,

dans cette circonstance, on ait eu en vue l'intérêt des actionnaires plutôt que celui des assurés. Le résultat n'a, d'ailleurs, pas répondu à ce que l'on en attendait : nous avons vu que le cours des actions avait baissé dans des proportions inquiétantes.

13 — L'augmentation qui résulte du nouveau tarif est très appréciable : elle est supérieure à 10 p. 100 du montant des primes. Ainsi, pour un capital de 10,000 fr. souscrit par un assuré de trente ans, la prime annuelle était autrefois de 249 fr.; elle est portée à 267 fr., soit une augmentation de 38 fr. Si l'assuré a 50 ans, au lieu d'une prime de 466 fr., il paie annuellement 516 fr., soit une augmentation de 50 fr.

14 — L'élévation du taux des primes est la cause principale de la déconsidération de l'assurance sur la vie. On objecte, il est vrai, la participation aux bénéfices dont jouissent les souscripteurs ; mais cette participation, trop vantée par les agents, n'a pas donné les résultats que l'on en attendait ; elle constitue, d'ailleurs, un aléa sur lequel on ne peut se baser. Ce qu'il faut, avant tout, c'est la certitude de ne pas payer une prime bien élevée ; elle doit être fixée au taux le plus réduit. C'est là une des conditions indispensables pour le développement de l'assurance sur la vie ; c'est aussi le seul moyen pour les compagnies françaises de résister à la concurrence des compagnies étrangères, dont les tarifs sont certainement moins élevés.

CHAPITRE II

Des formes de l'assurance sur la vie

SOMMAIRE

15 — **I. Division**. — Les assurances sur la vie peuvent revêtir les formes les plus diverses; en raison de leur nature, elles se prêtent aux combinaisons les plus multiples. On peut toutefois les diviser en trois catégories bien distinctes : 1° assurance en cas de vie; 2° assurance en cas de décès; 3° assurance mixte.

§ 1. Assurance en cas de vie

16 — **II. Caractère**. — L'assurance en cas de vie, appelée aussi assurance de capital différé, consiste dans le payement d'un capital à une date fixe, moyennant le versement d'une prime annuelle ou même unique, pourvu que l'assuré, qui peut être le souscripteur ou un tiers, soit existant à l'époque déterminée. L'existence de l'assuré constitue la condition à laquelle l'assurance en cas de vie est soumise. Si l'assuré décède avant l'époque fixée par la police pour l'échéance du capital, les primes sont acquises à la compagnie, sauf le cas de contre-assurance (voir *Traité du contrat d'assurance sur la vie*, n° 32).

17 — **III. Application**. — Cette assurance est rarement employée entre époux : son caractère tout spécial ne se prête pas à cette combinaison. Elle convient principalement au célibataire qui, dans un but de prévoyance, veut se réserver une certaine somme lorsqu'il arrivera à un âge avancé; elle sert également au père de famille à l'effet de constituer une dot à ses enfants.

18 — La jurisprudence nous fournit cependant un exemple d'une assurance en cas de vie contractée par un mari au profit de sa femme; voici dans quelle circonstance : le mari avait souscrit l'assurance à son profit ou au profit de sa seconde femme, payable à une époque fixe, si une fille née de son premier mariage était vivante à cette époque. En cas

d'existence du mari à l'époque fixée par la police, celui-ci aurait touché le bénéfice de l'assurance, qui serait tombé dans la communauté ou lui aurait profité personnellement, suivant le régime matrimonial des époux. Mais le mari étant décédé avant l'échéance, la femme avait droit au montant de l'assurance; il a été décidé que la stipulation faite au profit de celle-ci constituait une libéralité entre vifs et qu'en qualité de donataire, elle devait effectuer le rapport fictif du montant de la somme qu'elle avait touchée, afin de calculer la quotité disponible entre époux (Seine, 7 décembre 1888; *La Loi*, 3 janvier 1889).

§ 2. Assurance en cas de décès

19 — IV. Caractère. — L'assurance en cas de décès a pour caractère distinctif de n'être payable qu'au décès de l'assuré. Tandis que, dans l'assurance en cas de vie, l'échéance du capital doit, si la condition de survie se réalise, avoir lieu à l'époque fixée par la police, dans l'assurance en cas de décès, elle est indéterminée, puisqu'elle est subordonnée à un événement incertain, le décès de l'assuré.

20. — V. Division. — Les assurances en cas de décès sont très répandues : c'est la forme de l'assurance qui est la plus employée, principalement dans les assurances entre époux : elle se prête d'ailleurs aux combinaisons les plus variées. Nous citerons comme étant les plus fréquentes celles ci-après : 1° assurance pour la vie entière; 2° assurance de survie; 3° assurance temporaire; 4° assurances sur deux têtes.

21 — VI. Assurance pour la vie entière. — L'assurance pour la vie entière est celle qui est souscrite pour toute la vie de l'assuré; le bénéfice n'étant payable qu'à son décès, à quelque époque qu'il se produise; la prime annuelle est généralement due durant toute son existence; parfois, cependant, elle est limitée à un certain nombre d'années. Telle est l'assurance contractée par un mari sur sa vie pour une somme fixée par la police, payable à son décès à sa veuve ou, à son défaut, à ses enfants. C'est cette forme de l'assurance en cas de décès qui est la plus usitée.

22 — VII. Assurance de survie. — L'assurance de survie est soumise à la condition résolutoire de la survie de la personne désignée comme bénéficiaire. Si celle-ci vient à mourir avant l'assuré, l'assurance est résolue et les primes sont acquises à la compagnie, sauf le cas de contre-assurance.

23 — Cette assurance offre l'avantage que les primes sont moins élevées qu'en cas d'assurance pour la vie entière : elles sont fixées à la fois d'après l'âge de l'assuré et celui du bénéficiaire, et elles vont en décroissant au fur et à mesure que ce dernier est plus âgé, les risques courus par la compagnie diminuant proportionnellement. Ainsi, pour une assurance de 10,000 fr., en supposant l'assuré âgé de 30 ans, la prime pour l'assurance vie entière serait de 267 fr. ; elle ne serait pour l'assurance de survie que de 217 fr., si le bénéficiaire avait 30 ans ; — de 198 fr. s'il avait 40 ans ; — de 180 fr. s'il avait 50 ans, et de 160 fr. à l'âge de 70 ans.

24 — Cette assurance n'est pas employée entre époux ; elle convient surtout à un fils ou à un frère qui, ayant à sa charge des parents âgés, craindrait de les laisser sans ressources à son décès.

25 — VIII. **Assurance temporaire.** — L'assurance temporaire est celle qui est limitée à un certain nombre d'années, dix, vingt, trente années; elle garantit le payement d'une somme fixée par l'assuré, en cas du décès de celui-ci survenu pendant le temps pour lequel elle a été souscrite. Si l'assuré vit au delà du terme fixé, les primes sont acquises à la compagnie.

26 — En raison de ce que le risque couru par la compagnie est limité à un certain nombre d'années, la prime est beaucoup moins élevée qu'en cas d'assurance pour la vie entière; elle n'est que de 173 fr. pour un capital de 10,000 fr. assuré pendant dix ans par une personne âgée de 30 ans; nous avons vu que la prime pour une assurance vie entière serait de 267 fr.

27 — Cette combinaison n'est guère usitée entre époux ; elle est généralement employée par une personne qui désire se procurer du crédit ; dans ce cas, l'assurance est souscrite pour la durée du prêt et le prêteur, en cas de décès de l'emprunteur, est certain d'être remboursé immédiatement.

28 — IX. **Assurance sur deux têtes.** — L'assurance en cas de décès peut être souscrite sur deux têtes : c'est ce qui a lieu souvent entre époux. L'assurance est contractée par le mari et la femme pour être payable au décès du premier mourant. Elle correspond, en réalité, à deux assurances, l'une souscrite par le mari au profit de sa femme, l'autre par la femme au profit de son mari. L'avantage de cette sorte d'assurance consiste dans la modicité de la prime, qui est moins élevée que s'il fallait faire deux assurances. Supposons un mari âgé de 30 ans et sa femme de 25 ans : pour assurer un capital de 10,000 fr., payable à son décès, le mari aurait à payer une prime de 267 et la femme 235 fr., soit ensemble 502 fr.; par suite de la combinaison de l'assurance sur deux têtes, la prime afférente aux deux époux ne sera que de 357 fr.

29 — La validité de cette assurance a été contestée. On a prétendu qu'elle renfermait une libéralité mutuelle entre époux, nulle comme étant faite par un même acte (C. civ., 1097). Nous verrons que la jurisprudence n'a pas admis cette opinion et qu'elle a reconnu la validité d'une semblable opération.

§ 3. Assurance mixte

30 — X. **Caractère.** — Les assurances mixtes participent à la fois de la nature de l'assurance en cas de vie et de l'assurance en cas de décès; elles permettent à l'assuré de toucher le capital lorsqu'il est vivant à la date fixée; s'il vient à décéder avant cette époque, le montant de l'assurance revient aux bénéficiaires désignés ou aux héritiers. A l'égard de ceux-ci, l'assurance est soumise à la condition suspensive du prédécès de l'assuré.

31 — XI. **Avantages.** — Dans ces sortes d'assurances, la prime est plus élevée que pour les assurances en cas de décès. Néanmoins, elles jouissent en France d'une grande faveur; cela tient à ce qu'elles ont un but double : tout en garantissant l'assuré contre une mort prématurée, elles lui permettent de toucher le capital assuré, dans le cas où il serait existant à l'époque fixée pour son échéance; c'est à la fois un acte de prévoyance et d'épargne.

32 — Les assurances mixtes nous paraissent présenter un autre avantage sur les autres assurances en cas de décès. Si l'assurance en cas de décès peut, dans certaines circonstances, être une opération excellente, par suite de la mort prématurée de l'assuré, il en est tout autrement, lorsque celui-ci atteint un âge avancé; il peut arriver dans ce cas que l'assuré paie et au delà le montant de la somme que ses héritiers toucheront à son décès. Dans l'assurance mixte, cet aléa n'est pas à craindre; si l'assuré est existant à l'époque fixée par la police, il touchera le montant de l'assurance, dont la quotité est toujours supérieure aux primes qu'il aura payées.

33 — XII. **Division.** — Cette forme de l'assurance se prête à deux combinaisons : l'assurance mixte proprement dite et l'assurance à terme fixe.

34 — XIII. **Assurance mixte proprement dite.** — Dans l'assurance mixte proprement dite, le capital est payable soit à une époque fixe, à l'assuré, s'il est existant, soit immédiatement après son décès, s'il survient avant cette époque, aux bénéficiaires désignés ou aux héritiers de l'assuré. C'est à la fois une assurance en cas de vie et une assurance temporaire en cas de décès. En raison de ce double caractère, la prime présente une augmentation assez importante; ainsi, pour un capital de 10,000 fr., l'assuré étant âgé de 30 ans et l'assurance étant souscrite pour 20 ans, la prime serait de 544 fr., tandis que pour une assurance pour la vie entière, elle ne serait que de 267 fr.

35 — Cette assurance convient principalement aux personnes mariées; elle est très usitée entre époux.

36 — XIV. **Assurance mixte à terme fixe.** — L'assurance

mixte à terme fixe présente les mêmes caractères que l'assurance mixte proprement dite. Elle n'en diffère que sur un point : au lieu que le capital soit payable immédiatement après le décès de l'assuré s'il survient pendant la durée de l'assurance, le terme est invariablement fixé à l'époque déterminée [...] la police, que l'assuré soit ou non existant; mais le payement [...] mes cesse à partir du décès de l'assuré.

37 — Dans cet [...] ison, la prime est moins élevée que dans l'assurance mixte p[...] dite; dans l'exemple cité plus haut, elle ne serait que de 483 fr. [...] de 514 fr.

38 — Cette assurance est assez rarement employée entre époux : elle convient principalement à un père de famille pour constituer une dot à son enfant.

CHAPITRE III

De la désignation de l'époux bénéficiaire

SOMMAIRE

39 — I. **Forme**. — L'époux survivant qui est appelé à profiter du bénéfice de l'assurance contractée par son conjoint peut être désigné de deux façons : 1° par la police elle-même; 2° par un acte postérieur : avenant, endos, mention au dos de la police, testament.

40 — La forme de la désignation du bénéficiaire ayant une grande importance au point de vue du caractère juridique du contrat, nous allons examiner séparément chaque manière dont elle peut être effectuée.

§ 1. Désignation dans la police

41 — II. **Stipulation pour autrui**. — Toute assurance en cas de décès renferme une stipulation pour autrui : l'assuré, comme condition du contrat qu'il passe avec la compagnie, stipule que le montant de l'assurance sera payable lors de son décès, soit à un tiers qu'il désigne, soit à ses héritiers ou ayants cause, soit à son ordre : cette stipulation est régie par les articles 1121 et 1122 du Code civil. C'est là une règle qui est universellement admise par la jurisprudence.

42 — III. — **Bénéficiaires certains**. — Si le bénéficiaire est désigné dans la police de façon à ce qu'il ne puisse y avoir aucun doute au sujet de sa personnalité, il a, en vertu de l'article 1121 du Code civil, un droit propre et personnel au montant de l'assurance, et ce droit lui est acquis du jour du contrat, peu importe que son acceptation n'ait lieu que postérieurement, même après le décès de l'assuré, pourvu que celui-ci n'ait pas révoqué la stipulation qu'il avait faite. En conséquence, le capital assuré n'a jamais fait partie du patrimoine de l'assuré et ne dépend pas de sa succession (*Traité du Contrat d'assurance sur la vie*, n°° 290, 293 à 295, 317 à 327).

43 — IV. **Bénéficiaires incertains**. — Si les bénéficiaires sont incertains et indéterminés, par exemple si l'assurance a été souscrite au

profit des héritiers, des ayants droit, des enfants nés et à naître, à l'ordre de l'assuré, le contrat est soumis aux prescriptions de l'article 1122 du Code civil. L'assuré doit être considéré comme ayant stipulé pour lui, ses héritiers ou ayants cause; et le montant de l'assurance dépend de sa succession ou fait partie de l'actif de la communauté s'il en existe une (*Traité du Contrat d'assurance sur la vie*, n° 291. *Adde :* Cass., 7 mars 1893; Rép. Defrénois, 7124).

44 — V. **Epoux bénéficiaire**. — L'époux qui est désigné par la police comme bénéficiaire est généralement indiqué nominativement. Dans ce cas, aucun doute ne peut subsister; il a droit au bénéfice de l'assurance en vertu de la stipulation que son conjoint lui a faite, conformément à l'art. 1121 du Code civil (*supra* n° 42).

45 — Toutefois, si le mari avait indiqué comme bénéficiaire sa femme sans la désigner autrement, il devrait être considéré comme n'ayant voulu indiquer que la personne avec laquelle il était marié au moment où il a contracté l'assurance; par suite, s'il venait à se remarier, soit après le décès de sa femme, soit après divorce, sa seconde femme ne serait pas en droit de réclamer le bénéfice de l'assurance (Lyon, 3 décembre 1880; Rép. Defrénois, 43; notre *Traité du Contrat d'assurance sur la vie*, 310).

46 — VI. **Bénéficiaires conjoints**. — Plusieurs bénéficiaires peuvent être désignés conjointement. Ainsi un mari souscrit une assurance au profit de sa femme et de ses enfants. S'il n'a pas désigné la part revenant à sa femme et celle que les enfants recueilleront, chacun des bénéficiaires a droit à une part virile. En supposant que l'assuré laisse cinq enfants qui existaient au moment du contrat (1), la veuve n'a droit qu'à un sixième (Trib. Pontarlier, 29 juillet 1886; Rép. Defrénois, 3272).

47 — Que décider si l'assurance est souscrite à la fois au profit de la femme et de bénéficiaires incertains et indéterminés, comme, par exemple, au profit des enfants nés et à naître? A l'égard de ces derniers, l'assurance devrait être considérée comme faisant partie de la succession de l'assuré (*supra* n° 43), mais, en ce qui concerne la veuve, il y a là une stipulation pour autrui faite au profit d'une personne déterminée. Si la quotité de l'assurance qui doit lui revenir est fixée par la police, elle y a droit à titre propre et personnel. En l'absence de toute détermination, on doit lui attribuer une part virile d'après le nombre des enfants existants au jour du décès.

---

(1) D'après la jurisprudence, l'assurance souscrite par un père au profit de ses enfants appartient aux enfants existant à l'époque où elle est contractée, à titre propre et personnel, en vertu d'une stipulation pour autrui, à l'exclusion des enfants nés postérieurement (*Traité du Contrat d'assurance sur la vie*, 302, *Adde:* Douai, 25 mars 1887; *Rép. Defrénois*, 3882).

48 — VII. **Bénéficiaires successifs.** — L'assurance peut également être souscrite au profit de plusieurs personnes appelées à en recueillir le bénéfice les unes à défaut des autres. Le capital assuré revient aux bénéficiaires qui sont existants à l'époque du décès de l'assuré, d'après l'ordre dans lequel ils sont désignés.

49 — Supposons une assurance souscrite par un mari au profit de son enfant, et, à défaut, au profit de sa femme. Si l'enfant a prédécédé l'assuré, le montant de l'assurance revient à la femme, et celle-ci y a un droit propre et personnel comme profitant d'une stipulation pour autrui; car son droit était subordonné à la condition suspensive du prédécès de l'enfant désigné comme premier bénéficiaire, et la réalisation de cette condition produit un effet rétroactif au jour du contrat.

50 — La même solution doit être admise alors que les bénéficiaires désignés en premier lieu sont incertains et indéterminés : même dans ce cas, l'assurance par suite du prédécès des premiers bénéficiaires revient à la femme à titre propre et personnel, en vertu d'une stipulation pour autrui (Nîmes, 25 fév. 1880; S. 80, II, 327; *Traité du Contrat d'assurance sur la vie*, 308).

51 — VIII. **Usufruit.** — L'assuré peut limiter les droits du conjoint bénéficiaire à la jouissance du capital assuré : ce dernier n'en a pas moins droit à cet usufruit à titre propre et personnel, alors même que les bénéficiaires de la nue propriété sont incertains et indéterminés ; car les droits de l'usufruitier et des nus propriétaires sont tout à fait différents, et il n'y a aucune indivision entre eux. Mais, à défaut de dispense expresse, l'époux bénéficiaire serait tenu de fournir caution ou de faire emploi (C. civ., 601).

52 — IX. **Assurance mixte.** — Dans les assurances mixtes (*supra* n° 30), l'époux désigné comme bénéficiaire ne peut être appelé à recueillir le montant de l'assurance que si l'assuré est décédé avant l'époque fixée pour toucher le capital assuré. Lorsque ce dernier est existant à la date indiquée par la police, le capital assuré lui appartient en vertu du contrat qu'il a passé avec la compagnie. Mais s'il vient à décéder avant l'époque indiquée pour l'échéance, c'est le conjoint désigné comme bénéficiaire à son lieu et place qui y a droit. Cette assurance est en réalité souscrite sous la condition du prédécès de l'assuré avant la date fixée par la police : c'est là une condition suspensive; par conséquent, lorsqu'elle s'accomplit, elle produit un effet rétroactif au jour du contrat, par application de l'art. 1179 C. civ. Les mêmes règles sont donc applicables que dans les assurances en cas de décès (*Traité du Contrat d'assurance sur la vie*, 315. Adde : Cass., 6 fév. 1888; Seine, 5 mars 1894; Rép. Defrénois, 4103, 7773; Dissertation pratique, Rép. Defrénois, 6704).

53 — Si le capital n'est payable qu'à une époque fixe, que l'assuré soit ou non existant (*supra* n° 36), le bénéficiaire désigné, en cas de prédécès

de l'assuré, n'en a pas moins un droit immédiat et irrévocable au montant de l'assurance comme profitant d'une stipulation pour autrui (Seine, 10 avril 1894; Rép. Defrénois, 7993). Mais si plusieurs bénéficiaires ont été désignés successivement pour recueillir les uns à défaut des autres le bénéfice de l'assurance, les droits du premier bénéficiaire désigné ne sont pas déterminés par le décès de l'assuré; il n'a que des droits éventuels subordonnés à la condition suspensive d'être existant à l'époque fixée par la police pour toucher le capital assuré. Quant aux bénéficiaires désignés subsidiairement, ils ont également un droit éventuel subordonné au prédécès des bénéficiaires précédents avant l'échéance du capital. Il faut donc attendre cette époque pour être fixé sur les droits des bénéficiaires. Par suite, l'assurance ne peut être comprise dans le partage de la succession; il y a lieu de la laisser dans l'indivision. Mais à l'époque fixée pour toucher le montant de l'assurance, le bénéficiaire qui le recueillera devra être considéré comme y ayant eu droit du jour où la police a été souscrite, en vertu de l'effet rétroactif résultant de l'avènement de la condition suspensive, et il faudra appliquer les mêmes règles que si ses droits s'étaient ouverts au moment du décès (Dissertation pratique, Rép. Defrénois, art. 6704. Voir aussi Seine, 10 avril 1894; Agen, 25 mai 1894: *Ibid.*, 7993, 7994).

§ 2 Désignation par un acte postérieur

54 — X. **Modes.** Le bénéficiaire désigné par la police n'a pas un droit irrévocable au bénéfice de l'assurance, tant qu'il n'a pas accepté la stipulation faite à son profit; par suite, à défaut de cette acceptation, l'époux qui a souscrit une assurance au profit d'un tiers peut désigner postérieurement son conjoint comme bénéficiaire. De même, si l'assurance a été contractée au profit de bénéficiaires incertains et indéterminés, *supra* n° 43, il peut toujours lui en transférer le bénéfice.

55 — Le changement de bénéficiaire au cours de la police peut avoir lieu de diverses façons, notamment par un avenant, un endos, une mention sur la police, un testament, une donation.

56 — XI. **Avenant.** L'avenant est un contrat, passé entre la compagnie d'assurance et le souscripteur de la police, aux termes duquel les conditions de la police sont modifiées d'un commun accord entre les parties. Quel est le caractère juridique de cet acte, alors qu'il a uniquement pour objet de changer le bénéficiaire?

57 — Il y a sur ce point trois systèmes :

58 — 1er *système.* L'avenant laisse subsister la police d'assurance avec toutes ses conséquences et ne la modifie qu'en ce qui concerne l'attribution du bénéficiaire; mais c'est en réalité un mode de cession; s'il est effectué à titre gratuit, il constitue une véritable donation assu-

jettie, pour sa validité, comme toutes les donations, à l'acceptation du bénéficiaire et au droit de disposer du donateur (Douai, 9 juin 1888 ; Rép. Defrénois, 3382). S'il a lieu à titre onéreux, il y a là une véritable cession de créance qui est assujettie aux formalités des articles 1690 et 2075 C. civ. (Rennes, 23 juin 1878 ; D. 79, III, 155).

59 — *2ᵉ système.* L'attribution effectuée par voie de l'avenant a le caractère d'une novation par changement de créancier, dans le sens de l'article 1271, § 3, C. civ. ; c'est un contrat nouveau qui modifie le contrat originaire au point de vue de l'indication du bénéficiaire, puisqu'il constate un nouveau créancier ainsi que l'acceptation et le consentement de la compagnie, débitrice éventuelle du montant de l'assurance : il en résulte que le nouveau bénéficiaire, désigné par l'avenant, a un droit propre et personnel au bénéfice de l'assurance, comme profitant d'une stipulation pour autrui ; mais ce droit ne lui est conféré que par l'avenant, et il ne peut être considéré comme saisi du capital assuré du jour où la police a été souscrite (Seine, 17 novembre 1894 ; Rép. Defrénois, 8514).

60 — *3ᵉ système.* La Cour de cassation n'a admis aucun de ces systèmes : par un arrêt du 16 janvier 1888 (Rép. Defrénois, 4076), elle a décidé que l'avenant laisse au contrat d'assurance son caractère spécial de contrat d'assurance sur la vie qui comporte, pour sa régularité, l'intervention du stipulant et du promettant, autrement dit de la compagnie d'assurance, et qu'il ne saurait être confondu avec tout autre contrat. Un autre arrêt du 7 août 1888 (Rép. Defrénois, 4455), est encore plus précis : il reconnaît au contrat d'assurance sur la vie le même caractère, que le bénéficiaire soit désigné par la police ou par un avenant : « Attendu, porte cet arrêt, qu'il importe peu que la désignation du bénéficiaire résulte d'un simple avenant ; qu'en effet, en stipulant par le contrat originaire au profit de ses héritiers ou ayants droit, Rommel se réservait implicitement, mais nécessairement, la faculté de désigner ultérieurement la personne à laquelle il entendait attribuer le bénéfice de l'assurance. »

61 — Sur le renvoi prononcé par cet arrêt, la cour d'Amiens, arrêt du 31 janvier 1889 (Rép. Defrénois, 4821), se prononça dans le même sens : « Considérant que l'avenant ne constituait pas une novation dans les termes de l'article 1271, § 3, du Code civil, car la compagnie ne contractait aucun engagement nouveau ; qu'il ne constituait pas non plus un transport de créance dans les termes de l'article 1689 ; qu'on n'y trouve ni cédant ni cessionnaire formant entre eux le contrat prévu par cet article, et qu'on n'y trouve pas davantage un prix de cession ; — que l'avenant n'a fait qu'opérer, ce qui était dans le droit des parties, une modification du contrat primitif et réaliser ce qu'ils auraient pu faire en remplaçant la police de 1865 par une nouvelle police dans les termes de l'avenant ; qu'en prenant cette forme qui appartient au contrat d'assu-

rance, elles ont valablement introduit dans ledit contrat le nouvel élément d'un bénéficiaire déterminé, la dame Rommel, au profit de laquelle son mari a stipulé dans les termes de l'article 1121. »

62 — Il résulte de cette jurisprudence que l'époux, désigné comme bénéficiaire par un avenant, a droit au capital assuré au même titre et de la même manière que s'il avait été désigné originairement par la police; il doit être considéré comme saisi *ab initio* du droit à l'assurance, et il en touche le montant à titre propre et personnel comme profitant d'une stipulation pour autrui que son conjoint a faite en sa faveur : les règles indiquées *supra* n° 44 et suivants sont donc applicables.

63 — XII. **Endos.** Lorsque l'assurance a été stipulée transmissible par voie d'endos, ou qu'elle a été souscrite à l'ordre de l'assuré, celui-ci ne peut, par un endos, en transférer le bénéfice à son conjoint; car cet endossement, devant, pour opérer la transmission de la police, indiquer la valeur fournie (Notre *Traité du contrat d'assurance sur la vie*, n° 259), a le caractère d'une vente; et bien que ce soit en réalité une donation déguisée, elle ne peut revêtir cette forme, puisque la vente entre époux n'est pas permise (C. civ., 1595).

64 — XIII. **Mention sur la police.** Il arrive assez souvent que, par une mention mise sur la police, datée et signée, l'assuré indique que son conjoint devra, à son décès, toucher le montant de l'assurance aux lieu et place des bénéficiaires désignés. Cette mention a le caractère d'un véritable testament, et le conjoint n'a droit au capital assuré qu'à titre de légataire (Cass., 6 mai 1891; Rép. Defrénois, 6055). Bien que la police ait acquitté les droits de timbre, il y a lieu, dans ce cas, à l'amende de 50 francs, indépendamment du droit de timbre, pour avoir rédigé deux actes sur la même feuille de timbre, contrairement aux dispositions de l'article 23 de la loi du 13 brumaire an VII (Notre *Traité du contrat d'assurance sur la vie*, n°⁸ 671, 672).

65 — XIV. **Donation; testament.** Le changement de bénéficiaire peut encore avoir lieu par donation entre époux ou par testament; mais il faut, dans l'un et l'autre cas, que le bénéficiaire désigné dans la police n'ait pas accepté, antérieurement à ces actes, la stipulation faite à son profit, cette acceptation ayant pour effet de la rendre irrévocable.

CHAPITRE IV

Du caractère juridique du contrat d'assurance sur la vie

SOMMAIRE

I. Généralités.
II. 1er système; indemnité.
III. 2e système; libéralité; capital assuré.

IV. 3e système; libéralité; primes.
V. Conclusions.

66 — **I. Généralités.** — Dans les deux précédents articles (*supra* art. 8901, 8923), nous avons vu que l'assurance, souscrite par un époux au profit de son conjoint, constituait, à l'égard de ce dernier, une stipulation pour autrui, qu'il fût désigné par la police elle-même ou par un avenant fait postérieurement. Il nous reste à examiner à quel titre le bénéficiaire a droit au montant de l'assurance. C'est là une des questions les plus discutées, les plus controversées. Elle a donné lieu à trois systèmes.

67 — **II. 1er système. — Indemnité.** — Suivant un premier système, le contrat d'assurance sur la vie est un contrat d'indemnité. Le mari qui souscrit une assurance au profit de sa femme n'a d'autre but que de réparer le préjudice causé par sa mort et de l'indemniser de la perte qu'elle éprouvera par ce fait. La femme a donc droit au bénéfice de l'assurance, non à titre de donation, mais à titre d'indemnité : il en résulte qu'aucun rapport, même fictif, ne peut être effectué à la succession du mari.

68 — Cette thèse a été soutenue par le *Journal des Assurances*, année 1883, p. 104, et année 1895, p. 328. En jurisprudence, un seul arrêt s'est prononcé en ce sens : « Attendu, porte un arrêt de la cour d'Aix du 24 mars 1896 (Rép. Defrénois, art. 3364), que l'assuré, en contractant une police au profit de sa femme, a voulu préserver sa femme du préjudice matériel d'un veuvage prématuré, en stipulant pour elle une indemnité payable en cas de réalisation de cette éventualité; — Qu'ainsi, par un acte de sage prévoyance, faisant pour son épouse ce qu'elle pouvait et aurait dû en quelque sorte faire elle-même, il a acquis à celle-ci un droit immédiat et direct à une créance de 25,000 francs, réalisable seulement au jour de son décès, payable par un tiers, sous la condition du service assuré par lui de primes modiques ; — Attendu que l'assuré, en contractant ainsi, a agi pour le compte de son épouse et que, accomplissant un devoir commun à elle et à lui, celui de prémunir, sans préjudice pour personne, leur famille contre la misère au lendemain de sa mort, il a agi, non seulement comme *negotiorum gestor*, mais encore comme mandataire naturel ou plutôt comme gérant d'un intérêt

commun, puisqu'il stipulait ainsi pour lui-même quand, en garantissant l'avenir de la mère de famille, il se procurait une satisfaction morale, autant, sinon plus appréciable, que l'avantage matériel dont les contrats à titre onéreux sont alimentés. »

69 — Ce système peut paraître séduisant en raison de ce qu'il semble tenir compte de l'intention des parties qui veulent, avant tout, que le capital assuré revienne au bénéficiaire. Mais, à notre avis, il ne repose sur aucune base juridique. L'assurance sur la vie ne présente pas les mêmes caractères que les autres sortes d'assurances : la vie humaine n'est pas appréciable à prix d'argent, et on ne peut dire que le capital assuré constitue une indemnité. Dans les autres assurances, dans l'assurance contre l'incendie, par exemple, la somme que l'on touche en raison du sinistre représente une véritable indemnité; car elle a pour objet de tenir lieu des objets sinistrés et de permettre de les remplacer; leur valeur est d'ailleurs déterminée par une expertise, et c'est seulement le montant de cette expertise qui est payé à l'assuré, quelle que soit la somme à laquelle il ait assuré les objets sinistrés. La situation n'est plus la même dans l'assurance en cas de décès : c'est l'assuré qui fixe lui-même le montant de la somme qui sera payée à son décès au bénéficiaire et, lorsque cet événement survient, la compagnie est tenue de payer la totalité de cette somme. Le contrat d'assurance sur la vie est un contrat innommé, synallagmatique et aléatoire; ce n'est pas un contrat d'indemnité.

70 — Cette théorie donnerait lieu, dans la pratique, à de nombreux inconvénients; car, ne tenant aucun compte de l'égalité entre coparta- geants, elle permettrait de dissimuler des avantages sous le voile de ce contrat. Ce serait là une cause de nombreux procès, ce qui contribue- rait à jeter le discrédit sur l'assurance sur la vie.

71 — III. 2ᵉ **système. — Libéralité; capital assuré. —** Suivant un second système, la stipulation par l'un des époux au profit de l'autre constituerait une véritable libéralité; le bénéficiaire ne recueillerait le montant de l'assurance qu'à titre purement gratuit. En présence d'héri- tiers réservataires, il serait tenu d'effectuer le rapport fictif à la masse de la succession du montant du capital assuré, afin de réduction, si la libéralité dépassait la quotité disponible entre époux. La Cour de cassation, par arrêts des 9 mai 1881 et 8 février 1888 (Rép. Defrénois, art. 442, 4325), s'est prononcée en ce sens, et de nombreux arrêts de cours d'appel ont également admis ce système (voir notamment Amiens, 25 février 1880; Paris, 5 mars 1886; Douai, 14 février 1887; Rép. De- frénois, art. 442, 3250, 4157. Voir aussi trib. Auxerre, 13 juin 1894; Rép. Defrénois, art. 8158).

72 — Cette jurisprudence a été de tout temps vivement discutée; on faisait remarquer, avec juste raison, que le capital assuré n'était produit

que par le fait même du décès de l'assuré et que, par conséquent, il n'avait jamais fait partie de son patrimoine. D'un autre côté, le bénéficiaire, en vertu de la stipulation qui était faite à son profit, y avait un droit propre et personnel du jour du contrat. D'ailleurs, pour qu'il y eût donation, il aurait fallu que l'on trouvât réunies ces deux conditions essentielles : d'un côté, appauvrissement du donateur qui se dépouille (C. civ., 834) ; de l'autre, enrichissement du donataire. L'une de ces conditions faisait défaut : l'assuré ne s'appauvrissait pas, tout au moins en ce qui concerne le capital assuré touché par le bénéficiaire, puisque, ainsi que nous venons de le dire, il ne faisait pas partie de son patrimoine. C'est d'ailleurs ce que la Cour de cassation avait elle-même reconnu en décidant que le capital assuré échappait aux poursuites des créanciers et ne faisait pas partie de la masse de la faillite (voir arrêts Cass., 22 février et 17 août 1888, 23 juillet 1889 ; Rép. Defrénois, 4159, 4455, 4991 ; notre *Traité du contrat d'assurance sur la vie*, n°⁸ 422 et suiv.). La situation était la même en ce qui concernait la succession de l'assuré ; et du moment que l'on admettait à l'égard des créanciers que l'assurance n'avait pas le caractère d'une donation, on ne pouvait la considérer comme une libéralité vis-à-vis des héritiers.

73 — Ces considérations ont fini par prévaloir devant la Cour de cassation et, par un arrêt du 20 juin 1896 (Rép. Defrénois, art. 9231), revenant sur sa jurisprudence antérieure, elle décide que le capital assuré ne fait pas partie de la succession de l'assuré, ne constitue pas une valeur successorale et ne doit pas entrer en compte pour le calcul de la réserve : elle reconnaît que le droit du bénéficiaire lui est personnel et ne repose que sur sa tête. « Attendu, porte cet arrêt, que le capital assuré n'existe pas dans les biens du stipulant durant sa vie, puisque ce capital ne se forme et ne commence d'exister que par le fait même de la mort du stipulant et que, d'un autre côté, le contrat n'en attribue à celui-ci ni le bénéfice personnel ni la disposition et ne lui laisse que la faculté de rendre nuls les effets de la convention par le non-payement des primes au cas où elles ne seraient pas payées par d'autres, ou de révoquer la stipulation si elle n'avait pas été acceptée par le tiers bénéficiaire. »

74 — Cette décision a une importance considérable, elle modifie entièrement la jurisprudence suivie jusqu'à ce jour. Nous considérons qu'elle doit être approuvée, en raison de ce qu'elle fait une juridique application des règles concernant le contrat d'assurance sur la vie. Du moment que l'on reconnaît, ce qui n'est pas contestable, que l'assurance sur la vie souscrite au profit d'un tiers déterminé a le caractère d'une stipulation pour autrui, il faut admettre que le capital assuré se trouve placé en dehors des valeurs successorales : la libéralité ne peut consister dans une somme qui n'a jamais fait partie du patrimoine de l'assuré et qui, au contraire, par suite de l'effet rétroactif attaché à la

stipulation, appartient au bénéficiaire du jour même du contrat. Les règles du rapport ne sont donc pas applicables au bénéfice de l'assurance; il n'y a pas lieu au rapport fictif, ni même, entre cohéritiers, au rapport réel. Mais les primes que l'assuré a payées et qui sont sorties de son patrimoine n'ont-elles pas le caractère d'une donation ? C'est ce que nous allons examiner en rapportant le troisième système.

75 — IV. **Troisième système. — Libéralités. — Primes.** — Suivant un troisième système, la libéralité consisterait dans le montant des primes payées par l'assuré en vertu de la police : car ces primes sont sorties du patrimoine de l'assuré, et celui-ci, en les acquittant, constitue autant de libéralités successives. Ce sont ces sommes qui sont assujetties au rapport et soumises à réduction s'il y a lieu. Voir en ce sens : Rennes, 9 février 1888 (S. 89, II, 123) ; Nancy, 18 février 1888 (S. 90, II, 27) ; Paris, 30 avril 1891 (*supra* art. 6058).

76 — Ce système, en présence de l'arrêt de la Cour de cassation du 29 juin 1896, doit être suivi dans la pratique : car, en reconnaissant que le capital assuré ne constitue pas une libéralité, il se conforme à la décision de la Cour suprême. En outre, il résulte des considérants de cet arrêt que, si le rapport réel des primes ne peut être effectué par le conjoint survivant, c'est uniquement en raison de ce qu'il n'est pas un cohéritier, et, la cour de Paris, dont l'arrêt était soumis à la Cour de cassation, avait eu le soin de préciser que la demande ne portait pas sur un rapport fictif, mais qu'il s'agissait uniquement de la restitution des primes payées par le mari. Il faut donc en conclure que la Cour de cassation a admis implicitement le rapport réel des primes entre cohéritiers.

77 — Il y a lieu cependant de faire une restriction. L'obligation de rapporter les primes ne doit pas être admise d'une façon absolue. Il faut rechercher si les sommes payées par l'assuré pour l'acquit des primes ont été prélevées sur le capital ou sur le revenu : dans le premier cas, aucun doute ne peut subsister ; l'assuré s'est appauvri, il a fait une donation, et le rapport est incontestablement dû. Mais, dans le second cas, en disposant uniquement de ses revenus pour le payement de primes modiques, peut-on dire qu'il ait fait une libéralité soumise à rapport? Il ne s'est pas appauvri, puisqu'il n'a en rien diminué son capital; l'un des éléments pour constituer une donation fait donc défaut. Il nous semble que, dans ce cas, on pourrait soutenir que les primes ne sont pas soumises au rapport. Ce serait là une question de fait, laissée à l'appréciation des tribunaux (Voir Lefort, du *Contrat d'assurance sur la vie*, t. II, p 311).

78 — V. **Conclusions.** — Des explications ci-dessus, on peut dégager deux règles applicables à l'assurance entre époux.

79 — 1° L'époux bénéficiaire a droit au montant de l'assurance à titre

propre et personnel, et le capital assuré doit être considéré comme lui ayant appartenu à partir du jour où la police a été souscrite ou du jour où l'avenant a été fait.

80 — 2° Le rapport fictif pour le calcul de la quotité disponible consiste dans le montant des primes payées par l'assuré, sauf appréciation des faits.

CHAPITRE V

De l'acceptation par l'époux bénéficiaire

SOMMAIRE.

I. Généralités.
II. Effets de l'acceptation.
III. Acceptation durant le mariage.

IV. Acceptation après le décès de l'assuré.
V. Formes de l'acceptation.

81 — **I. Généralités**. — L'époux qui souscrit une assurance sur sa vie au profit de son conjoint fait en faveur de celui-ci une stipulation comme condition du contrat qu'il passe avec la compagnie; mais cette stipulation, régie par l'article 1121 du Code civil, constitue une simple offre, une pollicitation. Si elle confère au bénéficiaire un droit personnel de créance contre la compagnie, ce droit peut être révoqué par l'assuré et celui-ci peut faire cette révocation soit en termes exprès, soit tacitement, en disposant du bénéfice de l'assurance au profit d'une autre personne. Pour que la stipulation devienne irrévocable, il faut le concours des deux volontés, de l'assuré et du tiers bénéficiaire.

82 — **II. Effets**. — L'acceptation par le bénéficiaire de la stipulation faite en sa faveur a pour effet de la rendre irrévocable : car elle procure l'un des éléments qui manquaient à la perfection du contrat, le concours du bénéficiaire. Par suite, à partir du moment où cette acceptation a eu lieu, l'assuré ne peut plus disposer du bénéfice de l'assurance, qui est définitivement acquis au tiers désigné. L'acceptation rétroagit en outre au jour du contrat, et le montant de l'assurance est considéré comme n'ayant jamais fait partie du patrimoine de l'assuré (notre *Traité du contrat d'assurance sur la vie*, n° 318). Tels sont les effets que produit ordinairement l'acceptation du tiers bénéficiaire dans les assurances en cas de décès. Mais, à l'égard des assurances entre époux, la situation n'est pas la même suivant que l'acceptation a lieu durant le mariage ou qu'elle est effectuée après le décès de l'assuré.

83 — **III. Acceptation durant le mariage**. — L'acceptation faite durant le mariage par l'époux bénéficiaire de l'assurance souscrite par son conjoint n'a pas pour effet de la rendre irrévocable : car l'assurance a le caractère d'une libéralité, que cette libéralité consiste dans le capital assuré, ainsi qu'on l'a soutenu pendant longtemps, ou bien qu'elle soit limitée au montant des primes payées par l'assuré, conformément à l'opinion que nous avons adoptée dans notre dernier article. Il faut donc appliquer l'article 1096 du Code civil, aux termes duquel toute libéralité entre époux faite durant le mariage est essentiellement révocable (Seine,

12 février 1881 ; trib. Troyes, 13 juillet 1887 ; Cass., 22 février 1893 ; Orléans, 17 janvier 1894 ; Rép. Defrénois, 441, 3884, 7080, 7688 ; notre *Traité du contrat d'assurance sur la vie*, n° 321). En outre, en cas de divorce ou de séparation de corps prononcée contre l'époux bénéficiaire, la révocation a lieu de plein droit en vertu de l'article 299 du Code civil.

84 — IV. Acceptation après le décès de l'assuré. — L'acceptation de la stipulation peut être effectuée par l'époux bénéficiaire après le décès de son conjoint. La jurisprudence est fixée en ce sens (trib. Bernay, 21 décembre 1880 ; Rouen, 22 mars 1881 ; Seine, 16 février 1882 ; Cass., 8 fév. 1888 ; Douai, 21 avril 1890 ; Orléans, 17 janv. 1894 ; Rép. Defrénois, 624, 643, 4350, 5709, 7688). Cette acceptation a pour effet de rendre irrévocable la stipulation faite au profit de l'époux bénéficiaire et de le faire considérer comme ayant eu la propriété du capital assuré du jour même du contrat. Toutefois, malgré le défaut d'acceptation, les héritiers de l'assuré, d'après l'opinion dominante en doctrine, ne seraient pas en droit de révoquer la stipulation (notre *Traité du contrat d'assurance sur la vie*, n° 327). Mais l'acceptation par l'époux bénéficiaire doit avoir lieu avant toute saisie-arrêt formée par un créancier de l'assuré : Douai, 18 décembre 1895 ; Rép. Defrénois, art. 9252.

85 — V. Formes de l'acceptation. — L'acceptation par l'époux bénéficiaire n'est pas assujettie aux formes solennelles des donations. Elle peut avoir lieu soit expressément, soit tacitement. Elle résulte de tout fait, de tout acte établissant la volonté du bénéficiaire à cet égard (notre *Traité du contrat d'assurance sur la vie*, n°s 324, 325). Jugé que l'avis de la mort de l'époux assuré donné à la compagnie par son conjoint bénéficiaire ne saurait avoir le caractère d'une acceptation tacite (Douai, 10 décembre 1895 ; Rép. Defrénois, 9252).

CHAPITRE VI

De l'assurance entre époux sous les régimes de communauté

SOMMAIRE

86 — I. Généralités. — La combinaison des règles auxquelles sont soumis les régimes de communauté avec les principes qui régissent les assurances sur la vie donnent lieu à de nombreuses difficultés pratiques. La jurisprudence est sur ce point pleine de lacunes et de confusions : c'est là surtout que l'absence de législation se fait le plus vivement sentir.

87 — II. Division. — Cette étude sera divisée en deux sections : la première sera consacrée à l'assurance en cas de décès ; la seconde à l'assurance mixte.

SECTION I

De l'assurance en cas de décès

88 — III. Cas divers. — Quatre cas peuvent se présenter : 1° l'assurance est souscrite par le mari au profit de sa femme ; 2° inversement, l'assurance est souscrite par la femme au profit de son mari ; 3° les deux époux souscrivent conjointement une assurance pour être payable au survivant ; 4° enfin il arrive quelquefois qu'une assurance est contractée par un époux à son profit personnel sur la tête de son conjoint.

I. Assurance par le mari au profit de sa femme.

89 — IV. **Droit propre et personnel**. — Lorsque le mari souscrit une assurance au profit de sa femme moyennant le versement de primes annuelles qu'il paie avec les deniers de la communauté, ce contrat a incontestablement le caractère d'une stipulation pour autrui, puisque le tiers, bénéficiaire de l'assurance, est déterminé (*supra* n° 44). Si le mari avait payé les primes de ses deniers personnels, l'assurance ne ferait pas partie de sa succession et ne devrait pas être comprise parmi les valeurs successorales (*supra* n° 74). Les primes ayant été payées avec les deniers de la communauté, une solution identique s'impose : la communauté, pas plus que le mari, n'a jamais eu aucun droit sur le montant de l'assurance ; le capital assuré n'a été créé et n'a commencé d'exister que par le fait du décès du mari, c'est-à-dire lorsque la communauté était dissoute ; il ne peut être considéré comme faisant partie de la communauté et il se trouve en dehors des valeurs communes. La femme a donc un droit propre et personnel au bénéfice de l'assurance (Méline, Revue du not., 1873, p. 803 ; Herbault, p. 243 ; Couteau, II, p. 563 ; Lefort, II, 1360 ; Guillouard, *Contr. de mar.*, I, p. 348 ; tribunal Abbeville, 27 mars 1874 ; D. 74, IV, 205 ; Caen, 14 mars 1876 ; D. 77, II, 131 ; S. 77, II, 332 ; Nancy, 24 janvier 1882 ; Rép. Defrénois, art. 643 ; trib. Saint-Quentin, 11 mai 1884 ; Jur. gén. des Assurances, III, 104 ; trib. Fontainebleau, 2 février 1893 ; Rép. Defrénois, art. 7340).

90 — V. **Primes**. — Le mari, en payant les primes avec les deniers de la communauté, fait un acte de disposition en faveur de sa femme. Ce droit lui est reconnu par l'article 1422 C. civ. Aux termes de cet article, le mari peut disposer à titre gratuit et particulier des effets mobiliers de la communauté au profit de toutes les personnes : il a donc un droit absolu de disposition, quel que soit le donataire ; on en conclut avec juste raison qu'il a le droit de disposer, au profit de sa femme, des deniers de la communauté : Guillouard, *Contr. de mar.*, II, 720 ; trib. Fontainebleau, 2 février 1893 ; Rép. Defrénois, art. 7340.

91 — VI. **Récompenses**. — La femme doit-elle récompense à la communauté du montant des primes payées par le mari ?

92 — La question est controversée.

93 — Suivant une première opinion, la récompense serait due, car le payement des primes appauvrit la communauté tandis qu'il enrichit la femme, et il y a lieu de faire l'application de l'article 1437 aux termes

duquel, toutes les fois que l'un des époux a tiré un profit personnel des biens de la communauté, il est dû la récompense (Méline, Revue du not. 1873, p. 803; trib. Meaux, 8 mars 1877; Journ. Assur., 77, 350; trib. Clermont, 16 mai 1879; Journ. Assur., 79, 404; Nancy, 21 janvier 1882; Rép. Defrénois, 463; trib. Bar-sur-Aube, 18 mai 1886; Journ. Assur., 86, 266; Seine, 15 novembre 1892; Rép. Defrénois, 7311).

94 — Suivant une seconde opinion qui nous paraît plus juridique, il ne serait dû aucune récompense; le payement des primes avec les deniers de la communauté étant fait par le mari, en vertu des pouvoirs qu'il tient de l'article 1422 C. civ. (*supra* n° 90), il constitue, à l'égard de la femme, une libéralité qui ne peut donner lieu à récompense. La jurisprudence est en ce sens : Cass., 28 mars 1877; S. 77, I, 393; Paris, 5 mars 1886; Rép. Defrénois, 2250; Douai, 14 février 1887; Rép. Defrénois, 4213; Bourges, 7 mai 1888; S. 89, II, 16; trib. Fontainebleau, 2 février 1893; Rép. Defrénois, 7340. Conf. : Guillouard, *Contr. de mar.*, II, 1015; Couteau, II, p. 597; Herbault, p. 243; Lefort, II, p. 364.

95 — VII. **Rapport.** — La femme bénéficiaire de l'assurance qui se trouve en concours avec des héritiers réservataires est-elle tenue au rapport fictif pour le calcul de la quotité disponible et dans quelle proportion?

96 — D'après quelques décisions, la libéralité consisterait dans le capital assuré, et le rapport fictif du montant de l'assurance devrait être effectué à la succession du mari; il y aurait lieu à réduction dans le cas où la libéralité excéderait la quotité disponible entre époux : Amiens, 25 février 1880; Paris, 5 mars 1886; Rép. Defrénois, 442, 3250. Un arrêt récent a admis que la libéralité ne consistait que dans la moitié du capital assuré, l'autre moitié revenant à la femme en sa qualité de commune en biens : Douai, 16 janvier 1897; Rép. Defrénois, 9399.

97 — Mais cette opinion, d'après laquelle l'assurance constituerait une libéralité pour la totalité ou seulement pour moitié, ne saurait être suivie en présence de l'arrêt de la Cour de cassation, du 29 juin 1896 (*supra* n° 73), qui a décidé que la femme a droit au bénéfice de l'assurance à titre propre et personnel et non à titre de libéralité. Ainsi que nous l'avons établi (*supra* n° 75), la libéralité ne peut consister que dans le montant des primes payées par le mari; mais sous le régime de la communauté, comme le payement des primes a lieu avec les deniers communs, il y a lieu de défalquer la part revenant à la femme en sa qualité de commune, de telle sorte que le rapport ne doit consister que dans la moitié des primes payées par le mari. Ce n'est que l'application des règles qui régissent la communauté. En effet, la femme est, durant le mariage, copropriétaire des biens communs. Tant que dure la communauté, il y a indivision entre les époux; mais cela n'empêche pas que chacun d'eux ne soit propriétaire des biens

de la communauté. Il est vrai qu'à l'égard de la femme, ses droits de copropriété sont soumis à la condition suspensive de son acceptation de la communauté ; mais une fois que cette acceptation a été consentie, elle rétroagit à partir du jour du mariage et confirme pour ainsi dire les droits de copropriété de la femme.

98 — Quand le mari paie les primes de l'assurance, il agit uniquement comme administrateur des biens de la communauté en vertu des pouvoirs qu'il tient de l'article 1422 ; la libéralité qui en est la conséquence ne peut consister que dans la moitié des primes, représentant la quote part qui lui appartient dans la somme qu'il paie à la compagnie. Quant à l'autre moitié, il doit être considéré comme faisant le payement au nom et pour le compte de sa femme ; si, par la suite, celle-ci accepte la communauté, elle ratifie les payements effectués par son mari en son nom. Ainsi le mari n'a en définitive payé que la moitié des primes et c'est seulement de cette somme que le rapport fictif doit être effectué à sa succession.

99 — En jurisprudence, nous ne trouvons qu'une décision qui se soit prononcée sur ce point ; et encore elle ne s'appuie sur aucun motif : « Attendu, porte un arrêt de la cour de Paris du 30 avril 1891 (Rép. Defrénois, 6058), que les primes de 694 fr. chacune payées successivement pendant huit ans avec les deniers de la communauté s'étant élevées à 5,392 fr., il est vrai de dire que la moitié de cette somme, soit 2,696 fr., a été payée par le stipulant de ses deniers personnels ; que ces 2,696 fr. représentent le montant d'une libéralité, dont la succession Boitel peut demander le rapport. »

100 — VIII. **Participation aux bénéfices.** — La participation aux bénéfices, qui est généralement stipulée dans les polices d'assurance (voir notre *Traité du contrat d'assurance sur la vie*, n° 70), peut donner lieu à quelques difficultés. Elle se règle de trois manières : l'assuré a le choix ou de se faire payer en argent sa part de bénéfices ou de la laisser à la compagnie pour la faire servir, soit à la diminution des primes, soit à l'augmentation du capital assuré.

101 — Les bénéfices résultant de cette participation tombent dans la communauté ; car ils constituent les produits d'une opération faite par le mari avec les deniers de la communauté : il ne peut y avoir aucun doute à ce sujet lorsque ces bénéfices sont touchés en espèces par le mari.

102 — Quand le mari les laisse à la compagnie en diminution de la prime, c'est là un payement à valoir et la situation est la même que si le mari payait directement la totalité de la prime : en faisant cet abandon à la compagnie, il dispose d'une créance acquise à la communauté.

103 — Lorsque la participation des bénéfices est employée à l'augmentation du capital assuré, il y a là une stipulation nouvelle faite au profit

de la femme : ces bénéfices produisent un accroissement de la prime, et ils sont soumis aux mêmes règles que celle-ci ; en conséquence, il est dû le rapport fictif à la succession du mari de la moitié des sommes à laquelle s'est élevée cette participation (*supra* n° 97), et aucune récompense à la communauté ne saurait être réclamée (*supra* n° 94) : CONTRA : Seine, 15 novembre 1892 ; Rép. Defrénois, 7311.

104 — IX. **Renonciation au bénéfice de l'assurance.** — La femme n'a droit au bénéfice de l'assurance qu'en vertu de l'acceptation de la stipulation faite à son profit (*supra* n° 82) ; mais elle peut se refuser à l'accepter ; dans ce cas, le bénéfice de l'assurance tombe dans la communauté (Besançon, 10 février 1881 ; Journ. ASSUR., 81,475). Il en serait de même si, avant toute acceptation, un créancier de la communauté avait formé une saisie-arrêt (*supra* n° 85).

105 — X. **Renonciation à communauté.** — Si la femme renonce à la communauté, l'assurance doit être considérée comme ayant été payée avec les deniers personnels du mari, puisque, par suite de cette renonciation, la femme n'a plus aucun droit sur les biens de la communauté, qui sont définitivement acquis au mari. Dans ce cas, l'assurance appartient à la femme à titre propre et personnel, comme profitant d'une stipulation pour autrui, sauf le rapport fictif à la succession de son mari du montant des primes (*supra* n° 75).

106 — XI. **Prédécès de la femme.** — En cas de prédécès de la femme, sa succession n'a aucun droit au bénéfice de l'assurance souscrite à son profit par son mari ; elle fait partie de la communauté pour sa valeur de rachat au jour de sa dissolution. Cette valeur de rachat est fournie par la compagnie. Lors de la liquidation, il est préférable d'attribuer l'assurance au mari, puisque seul il a le droit de la continuer ou d'en demander le rachat.

II. *Assurance par la femme au profit de son mari.*

107 — XII. **Autorisation.** — La femme commune en biens ne peut souscrire une assurance au profit de son mari qu'avec l'autorisation de celui-ci. L'assurance qu'elle contracterait sans autorisation n'en serait pas moins valable ; mais le bénéfice dépendrait de la communauté ; car elle devrait être considérée comme ayant agi pour le compte de la communauté, puisqu'elle ne peut disposer des biens communs, même en faveur de son mari, sans être autorisée par celui-ci : Poitiers, 7 août 1875 (Jur. gén. des assur., 1, 190).

108 — XIII. **Attribution.** — L'assurance souscrite par la femme autorisée par son mari, en faveur de celui-ci, est régie par les mêmes règles que l'assurance contractée par le mari au profit de sa femme : le mari a droit au bénéfice de l'assurance, à titre propre et personnel, comme profitant d'une stipulation pour autrui, dans les termes de l'art. 1121 du Code civil, sans charge de récompense pour les primes payées avec les deniers de la communauté (*supra* n° 94), mais il est dû le rapport fictif à la succession de la femme de la moitié des primes (*supra* n° 97).

109 — XIV. **Renonciation à communauté.** — Si les héritiers de la femme renoncent à la communauté, l'assurance que celle-ci a contractée au profit de son mari n'appartient pas moins à celui-ci à titre propre et personnel; le caractère de la stipulation ne saurait être modifié en raison de la renonciation à communauté effectuée postérieurement. Mais comme, dans ce cas, la communauté revient au mari, les primes qui ont été réglées avec les deniers communs doivent être considérées comme ayant été payées par celui-ci personnellement; il n'est donc dû aucun rapport à la succession de la femme pour le montant de ces primes.

110 — XV. **Prédécès du mari.** — En cas de prédécès du mari, l'assurance fait partie de la communauté pour sa valeur de rachat au jour de son décès, et doit être attribuée à la femme par la liquidation, afin qu'elle puisse la continuer ou la résilier.

III. *Assurance par les deux époux au profit du survivant.*

111 — XVI. **Formes.** — L'assurance par deux époux, au profit du survivant, peut être effectuée de deux manières : 1° par deux polices séparées, souscrites le même jour; 2° par une seule police.

112 — XVII. **Polices séparées.** — Si deux polices sont souscrites le même jour, l'une par le mari au profit de sa femme, l'autre par la femme au profit de son mari, il y a, en fait, deux contrats distincts, soumis, chacun en ce qui le concerne, aux règles qui lui sont applicables (Saint-Quentin, 26 août 1879; Charleville, 29 août 1879; Paris, 5 mars 1886; Rép. Defrénois, 3250. Contra : Clermont (Oise), 16 mai 1879; J. N., 22274).

113 — Si le mari décède le premier, la femme a droit, à titre propre et personnel, au montant de l'assurance souscrite par son mari, sans charge de récompense, mais sauf rapport de moitié des primes (*supra* n° 89 et suiv.). Quant à l'assurance que la femme a souscrite au profit de son mari, elle dépend de la communauté pour sa valeur de rachat (*supra* n° 106).

114 — Si c'est, au contraire, la femme qui vient à décéder avant son mari, l'assurance souscrite par celle-ci revient à son mari (*supra* n° 108), tandis que l'assurance qu'il a contractée dépend de la communauté (*supra* n° 110).

115 — XVIII. **Police unique.** — Mais, au lieu de recourir aux frais de deux polices, les époux peuvent n'en faire qu'une seule; dans ce cas,

elle est souscrite par le mari et la femme conjointement, pour être payable au survivant. Cette forme de procéder offre un certain avantage : la prime est moins élevée que si deux assurances étaient souscrites (*supra* n° 28).

116 — XIX. **Validité.** — La validité de cette assurance a été contestée. On a prétendu qu'il y avait là une double libéralité mutuelle et réciproque entre époux par un seul et même acte, ce qui était prohibé par l'article 1097 du Code civil. En admettant qu'il y eût une double libéralité, l'article 1097 ne saurait recevoir son application; car ces libéralités sont l'accessoire d'un contrat à titre onéreux entre la compagnie et les époux, et il n'est pas soumis aux formes des donations : Ruben de Couder, 96; Couleau, 571; Lefort, II, p. 371; Herbault, p. 246; Paris, 25 mars 1844, 29 avril 1851, 19 fév. 1864 (S. 51, I, 329; D. 65, II, 75); Douai, 31 janv. 1876 (S. 77, II, 38); Cass., 28 mars 1877 (S. 77, I, 393).

117 — XX. **Attribution.** — La nature juridique de cette sorte d'assurance est très discutée. Constitue-t-elle un acte à titre onéreux? Ou bien doit-on la considérer comme une libéralité? Il y a sur ce point trois systèmes.

118 — XXI. **1ᵉʳ système.** — **Acte à titre onéreux.** — Suivant un premier système, il faudrait assimiler l'assurance contractée par deux époux au profit du survivant à une rente viagère, constituée sur la tête de deux époux communs en biens, avec clause de reversibilité en faveur du survivant; dans un cas comme dans l'aut... les deux époux font une opération intéressée de la part de chacun d'eux, et le contrat est à titre onéreux. « Le but commun, dit M. Lefort, *Traité du contrat d'assurance sur la vie*, t. II, p. 374, a été, par la réunion des primes, de procurer au survivant un capital plus élevé, et, comme chacun a renoncé à la part revenant à sa succession pour avoir la chance de recueillir le capital entier en cas de survie, ce n'est pas l'idée de libéralité qui domine, mais bien plutôt celle de contrat aléatoire. » On en conclut que le capital assuré appartient au survivant à titre de propre, mais à charge de récompense pour le montant des primes payées à la communauté (Conf. : Guillouard, *Contr. de mar.*, II, 1016; Dumaine, p. 284).

119 — En jurisprudence, le caractère à titre onéreux de cette sorte d'assurance a été admis par un arrêt de la cour de Rennes du 9 février 1888 : « Considérant, porte cet arrêt, que si l'on envisage la situation au moment même où s'est formé le contrat d'assurance, on doit reconnaître que ce contrat créait au profit de chacun des époux un droit aléatoire d'une réalisation incertaine, et dont l'un comme l'autre s'est en même temps démis en faveur de son conjoint; que cette convention à double face, comprenant deux termes qui sont la condition l'un de l'autre, est indivisible et ne saurait être décomposée et que, considérée dans son ensemble, elle ne constitue point une aliénation à titre gratuit puisque, d'un côté comme de l'autre, chaque stipulation a pour contre l'échange d'une créance de même nature et quotité, subordonnée à l'événement inverse; qu'il faut donc voir là un acte à titre onéreux entre les parties elles-mêmes et non pas seulement avec la compagnie d'assurances » (Voir dans le même sens : trib. Meaux, 8 mars 1877; Jur. gén. des assur., III, 220).

120 — Ce système ne nous paraît pas devoir être suivi. Il faut tout d'abord remarquer qu'il n'y a aucune analogie entre le contrat d'assurance sur la vie et le contrat de rente viagère : l'un a pour objet de produire, au moyen de la prestation de primes modiques, un capital qui prend naissance au jour du décès du prémourant des époux; l'autre, au contraire, est constitué par l'aliénation à fonds perdu d'un capital, et les arrérages en sont dus à partir de l'époque fixée par les parties. « Rente viagère, dit M. Couteau, 1, p. 117, c'est le fonds perdu pour créer un gros revenu; assurance, c'est le revenu épargné pour créer un capital. »

121 — En droit, si l'on considère que cette assurance a un caractère à titre onéreux, et que chacun des époux cède à son conjoint ses droits éventuels sur le bénéfice, il y a là une véritable vente. Ne devrait-on pas considérer qu'elle tombe sous la prohibition de l'article 1097 du Code civil, qui interdit les ventes entre époux ? Dans tous les cas, cette assurance ne pourrait être révoquée; et l'époux survivant y aurait droit, même en cas de divorce ou de séparation de corps prononcé contre lui. Cette conséquence suffit pour faire rejeter ce système.

122 — XXII. **2ᵉ système. — Libéralité. — Capital assuré. —** Suivant un second système, chacun des époux aurait un droit éventuel au bénéfice de l'assurance subordonnée à la condition suspensive de sa propre survie et à la condition résolutoire du prédécès de son conjoint. Au décès du premier mourant des époux, le survivant aurait droit au contrat de l'assurance comme profitant d'une stipulation pour autrui, de la même manière que s'il n'y avait qu'une assurance souscrite par l'époux prédécédé : le capital reviendrait au survivant à titre de libéralité, serait soumis au rapport fictif et serait imputé sur la quotité disponible entre époux (Cass., 28 mars 1877; S. 77, 1, 399; Herbault, p. 246; Couteau, II, p. 577; Ruben de Couder, 96).

123 — Ce système, en tant qu'il considère le bénéfice de l'assurance comme revenant à l'époux survivant à titre de libéralité, ne saurait plus être suivi en présence de l'arrêt de la Cour de cassation du 29 juin 1896 (*supra* nº 73); car, en vertu de cette décision, le capital assuré appartient à l'époux bénéficiaire à titre propre et personnel et ne fait pas partie des valeurs de communauté ou de succession (*supra* nº 97). Mais la définition qu'il donne de ce contrat nous paraît juridique : il y a, en effet, deux bénéficiaires éventuels parfaitement déterminés. Le contrat

a donc le caractère d'une stipulation pour autrui; mais les droits de chacun des bénéficiaires sont subordonnés à la condition de leur survie. Celui qui décède le premier perd tout droit au bénéfice; c'est bien là une condition résolutoire; l'autre, au contraire, qui survit, voit ses droits consolidés par suite du prédécès de son conjoint, et en vertu de cette condition suspensive à laquelle étaient subordonnés ses droits, il doit être considéré comme ayant toujours eu droit au capital assuré à partir du jour où le contrat a été passé; ce système se rattache à la théorie générale des assurances, et nous ne pouvons que l'adopter.

121 — XXIII. 3ᵉ système. — Libéralité. — Moitié des primes. — Ainsi que nous venons de le démontrer, l'époux survivant a droit au bénéfice de l'assurance à titre propre et personnel comme profitant d'une stipulation que son conjoint lui a faite. Les conséquences sont les mêmes que si l'assurance avait été souscrite seulement par l'époux prédécédé au profit du conjoint survivant; il faut donc admettre qu'il n'est dû aucune récompense (*supra* nᵒ 94), mais que l'époux bénéficiaire doit, s'il y a lieu, le rapport fictif à la succession du prédécédé de la moitié des primes que celui-ci a payées de ses deniers personnels, en qualité de copropriétaire des biens de la communauté (*supra* nᵒ 97). Cette solution doit d'autant plus facilement être admise, dans ce cas particulier, que les deux époux ayant concouru à la police, chacun d'eux peut être considéré comme ayant payé moitié des primes.

IV. Assurance par un époux à son profit personnel sur la tête de son conjoint.

122 — XXIV. Forme. — Il reste à examiner une dernière forme que peut revêtir l'assurance en cas de décès. Jusqu'à présent, nous avons vu que l'époux, souscripteur de l'assurance, était en même temps l'assuré : c'était sa vie qu'il assurait au profit de son conjoint. Mais il peut également assurer l'existence de son conjoint à son profit personnel : l'assurance est, dans ce cas, qualifiée d'assurance sur la tête d'un tiers. L'époux souscripteur de cette assurance est également bénéficiaire, l'assuré est son conjoint : c'est au décès de celui-ci que la compagnie est tenue de payer au souscripteur le montant de l'assurance. En résumé, il y a dans cette sorte d'assurance trois parties : l'assureur (la compagnie d'assurance); le souscripteur qui est en même temps bénéficiaire, et le tiers assuré.

123 — XXV. Attribution. — Cette forme de l'assurance est peu usitée, surtout entre époux : la jurisprudence en fournit cependant quelques exemples; mais, comme dans toutes les matières concernant l'assurance sur la vie, on n'est nullement d'accord sur son attribution. Il existe deux systèmes.

127 — XXVI. 1er Système. — Droit propre. — Récompense.
— Suivant un premier système, l'époux qui a souscrit à son profit une assurance sur la tête de son conjoint a droit, à titre propre et personnel, au capital assuré, sauf récompense à la communauté du montant des primes payées avec les deniers communs.

128 — Ce système est soutenu par M. Lefort, *Traité du contrat d'assurance sur la vie*, tome II, page 383. Voici les arguments sur lesquels s'appuie cet auteur : Le législateur a eu certainement une vue exacte et juste en voulant que les époux qui consentaient à être communs en biens fissent concourir à ce but unique, la prospérité commune, tous leurs efforts. Seulement il ne faut pas exagérer cette règle, car ce serait empêcher de pourvoir à la sécurité de la femme survivante; si le capital promis par la compagnie à la femme, le cas échéant, devait être versé dans la communauté, et si la communauté était mauvaise, la femme y renonçant, perdrait l'émolument de l'assurance pour son temps de survie et de veuvage. Il est raisonnable de supprimer tous les obstacles capables de contrarier la combinaison qui remédie aux conséquences funestes de la mort; il suffit que l'abri fourni par l'assurance en cas de décès soit constitué par l'assureur au moyen du calcul des chances courues et sur les réserves obtenues par la fructification des primes, grâce à une mutualité et à une reversion entre les assurés qui est de l'essence de l'assurance. Or, cette condition est remplie lorsque la femme survivante a le secours qu'elle a espéré recevoir des mains de l'assureur sur des ressources créées par l'assurance. La femme seule a donc un droit sur le capital assuré; seule elle doit recevoir la somme portée au contrat quand elle figure elle-même à la stipulation, lorsqu'elle traite d'une façon telle que le contrat soit à son avantage et sans qu'en aucune éventualité le mari, intervenant exclusivement pour l'autorisation et la régularité, puisse rien réclamer.

129 — En jurisprudence, la cour de Rennes, par un arrêt du 8 juillet 1890, s'est prononcée en ce sens : il s'agissait d'une assurance souscrite par la femme à son profit personnel sur la tête de son mari. La cour a décidé qu'en faisant cette stipulation, la femme avait fait sa propre affaire, qu'elle avait acquis un droit qui s'était réalisé à la mort de son mari et que ce droit n'ayant jamais fait partie ni de la communauté ni du patrimoine de son mari, elle y avait un droit exclusif : « Considérant, porte cet arrêt, qu'il est manifeste que l'effet de cette convention devait être, dès que l'existence en serait maintenue par le payement régulier des primes, de faire en quelque sorte dériver du fait éventuel du décès de Jacques Bataille l'obligation pour la compagnie la Foncière de verser directement la somme de 20,000 fr. entre les mains de l'intimée devenue sa veuve; que celle-ci faisait donc sa propre affaire; que son droit est exclusif de tout autre et que, quel que soit son point de départ juridique,

il n'a jamais cessé de reposer uniquement sur la tête de l'intimée ; que, d'une part, Jacques Bataille n'a figuré au traité du 18 avril 1882 que pour autoriser sa femme et qu'il n'y a pris aucun engagement ni stipulé aucun avantage personnel d'aucune sorte ; que, d'autre part, ledit acte n'intéressait en rien la communauté à laquelle il n'attribuait, dans une mesure ou une éventualité quelconque, ni le profit, ni la disposition de l'assurance ; qu'il est évident, en effet, que le capital assuré ne s'est formé que par l'événement même du décès de Jacques Bataille et qu'à cet égard la dette de la compagnie et la créance de l'intimée n'ont réellement pris naissance qu'au moment où la communauté était déjà dissoute ; — Attendu que si, à la vérité, l'intimée a pris sur la communauté la somme nécessaire pour le payement des primes, c'est uniquement de cette somme qu'elle peut devoir compte. »

130 — Nous ne saurions admettre ce système, qui ne tient aucun compte des règles auxquelles sont soumis les époux sous les régimes de communauté. Il faut, en effet, considérer que la situation du souscripteur dans cette forme d'assurance est toute différente ; au lieu de stipuler pour autrui, il stipule pour lui-même ; c'est lui et non son conjoint qui tire un profit quelconque de cette assurance : il fait avec les deniers de la communauté une opération dont il a tout le bénéfice. Cela est-il possible ? On ne peut s'appuyer sur l'art. 1121 du Code civil, applicable uniquement dans le cas d'une stipulation en faveur d'un tiers ; de même, l'article 1422, qui autorise le mari a disposer des effets mobiliers de la communauté à titre particulier et gratuit, ne peut être appliqué. D'ailleurs, comment admettre qu'un époux puisse se constituer un propre avec des deniers de la communauté, alors même qu'il en ferait récompense ? Sous le régime de communauté, toutes les opérations faites par les époux ou l'un d'eux à leur profit personnel avec des deniers de la communauté sont considérées comme faites pour le compte de la communauté, et elle seule peut en profiter : c'est ce qui résulte de l'article 1401 du Code civil. Nous ajouterons qu'en permettant à un époux de se créer un propre en dehors des cas prévus par la loi ou le contrat de mariage, ce serait apporter une modification au régime matrimonial, contrairement aux prohibitions de l'article 1498 du Code civil.

131 — XXVII. **2° Système. — Bien de communauté.** — D'après un second système, cette assurance ferait partie de la communauté : c'est ce système qui nous paraît devoir être adopté. Nous avons déjà indiqué, en réfutant l'opinion contraire, les motifs sur lesquels on peut l'appuyer. Il est incontestable que l'époux qui a souscrit une semblable assurance doive être considéré comme ayant agi uniquement pour le compte de la communauté ; il a fait avec la compagnie d'assurance un contrat à titre onéreux dont la communauté peut seule profiter. Le bénéfice de cette assurance dépend de la commu-

nauté et doit être partagé de la même façon que toutes les valeurs communes.

132 — A l'appui de notre opinion, nous pouvons citer un arrêt de la cour de Caen, du 6 décembre 1881. Il s'agissait, dans l'espèce de cet arrêt, d'une assurance souscrite par une femme à son profit sur la tête de son mari. La cour de Caen a décidé que le capital assuré dépendait de la communauté : — « Attendu, porte cet arrêt, que le montant de l'assurance faite par la femme à son profit est un acquêt mobilier de la communauté; — Attendu que les époux étaient mariés sous le régime de la communauté; que les valeurs mobilières échues aux époux à quelque titre que ce soit et les acquêts de toute sorte faits par eux, ensemble ou séparément, font partie de la communauté, aux termes des articles 1401 et 1498 C. civ.; que la femme ayant renoncé à cette communauté ne peut rien prétendre dans les valeurs qui forment cet actif; que c'est en vain que dans le contrat d'assurance, les époux ont manifesté l'intention d'acquérir pour la femme seule, à l'exclusion de la communauté; qu'en effet les conventions matrimoniales ne peuvent recevoir aucun changement après le mariage et que les époux ne peuvent modifier les effets légaux du régime auxquels ils sont soumis. »

SECTION II.

Des assurances mixtes

133 — XXVIII. **Formes.** — Nous avons vu *supra*, nos 33 et suivants, que l'assurance mixte peut se prêter à deux combinaisons : l'assurance mixte proprement dite et l'assurance mixte à terme fixe. Les règles relatives à l'attribution du capital assuré sont différentes suivant la forme qui est adoptée par l'époux souscripteur de la police. Il faut donc examiner séparément ces deux combinaisons.

134 — XXIX. **Assurance mixte proprement dite.** — Dans l'assurance mixte proprement dite, le capital assuré est payable à l'assuré lui-même, s'il est existant à l'époque fixée par la police, ou, s'il décède avant cette époque, à son conjoint, aussitôt son décès.

135 — *Exemple.* — « La Compagnie s'engage à payer le 20 juin 1900 la somme de 20,000 fr. à M. X..., s'il est vivant à cette époque ou, s'il décède pendant la durée de l'assurance, à Mme Y..., son épouse, aussitôt son décès. »

136 — Cette forme d'assurance tient à la fois de l'assurance en cas de vie, et de l'assurance temporaire en cas de décès.

137 — Si l'époux, souscripteur de la police, est vivant à l'époque fixée pour le payement du capital assuré, la somme qu'il touche tombe dans la communauté en vertu de l'article 1401 du Code civil : car il a fait, avec les deniers communs, une opération dont la communauté doit seule bénéficier.

138 — Si, au contraire, il décède pendant le cours de l'assurance, c'est-à-dire avant l'époque d'échéance fixée par la police, le capital assuré revient à son conjoint qu'il a désigné comme bénéficiaire. Celui-ci a donc un droit éventuel au bénéfice de l'assurance sous la condition suspensive du prédécès de l'époux assuré avant la date fixée par la police. Cette condition suspensive se réalisant, il doit être considéré comme ayant eu droit au bénéfice de l'assurance du jour du contrat. L'attribution du capital assuré est régie par les mêmes règles que dans les assurances en cas de décès. Il faut donc se reporter aux explications données *supra* n⁰⁹ 99 et suiv., qui sont également applicables à cette sorte d'assurance mixte.

139 — XXX. **Assurance mixte à terme fixe**. — Dans l'assurance mixte à terme fixe, le capital assuré n'est payable qu'à l'époque fixée par la police, que l'assuré soit ou non existant à cette époque. Cette assurance diffère de la précédente, en ce que le bénéfice ne devient pas exigible par suite du décès de l'assuré : si ce décès survient durant le cours de l'assurance, il n'est payable au bénéficiaire désigné à défaut de l'assuré qu'à l'époque fixée; mais généralement les primes cessent d'être dues à partir du décès de l'assuré (1).

140 — *Exemple*. — La compagnie s'engage à payer, le 20 juin 1900, la somme de 20,000 fr. à M. X..., s'il est vivant à cette époque, ou à M⁰⁰ Y..., son épouse, à la même date, s'il décède pendant la durée de l'assurance. Les primes cesseront d'être payées à partir du décès de M. X...

141 — XXXI. **Attribution**. — Cette assurance, de même que l'assurance mixte proprement dite, a le caractère d'une assurance en cas de vie, si l'époux assuré est existant à l'époque fixée par la police; dans ce cas, le capital assuré fait partie de la communauté, *supra* n⁰ 137.

142 — Si l'époux assuré décède avant l'époque fixée par la police, il y a lieu de distinguer deux cas, suivant que l'assurance est souscrite uniquement en faveur de l'autre époux, désigné comme seul bénéficiaire, ou qu'elle est faite au profit de plusieurs bénéficiaires successifs.

143 — XXXII. **Epoux seul bénéficiaire**. — Lorsque l'époux qui a contracté l'assurance a désigné son conjoint comme seul bénéficiaire dans

---

(1) Quelquefois, cependant, il est stipulé que les primes seront payées jusqu'à l'époque fixée pour l'échéance, même en cas de prédécès de l'assuré; dans ce cas, l'époux bénéficiaire n'a droit au capital assuré, comme profitant d'une stipulation pour autrui, que jusqu'à concurrence des primes payées par l'époux assuré. S'il continue à effectuer le payement des primes, c'est une nouvelle opération qu'il fait pour son compte personnel.

le cas où il viendrait à décéder avant l'époque fixée par la police, l'époux bénéficiaire acquiert, par suite du décès de l'époux assuré, un droit de créance au bénéfice, et ce droit de créance devient irrévocable en vertu de l'acceptation de la stipulation faite à son profit. L'attribution de l'assurance est soumise aux mêmes règles que dans les assurances en cas de décès; mais au lieu que le capital assuré soit exigible immédiatement, l'échéance en est reportée à l'époque fixée par la police.

144 — XXXIII. Bénéficiaires successifs. — Généralement, l'époux assuré désigne plusieurs bénéficiaires. Prévoyant le cas où son conjoint viendrait lui-même à décéder avant la date fixée pour toucher le capital assuré, il indique d'autres bénéficiaires qui viendront en son lieu et place. Par exemple, un mari souscrit une assurance à terme fixe et désigne comme bénéficiaires, dans le cas où il viendrait à décéder avant le terme fixé, sa femme et, à défaut de celle-ci, ses enfants ou bien ses héritiers.

145 — Dans cette sorte d'assurance, le droit au bénéfice ne s'ouvre pas par le fait du décès de l'assuré; il faut, pour y avoir droit, être existant à l'époque déterminée pour l'échéance du capital assuré.

146 — L'époux, bien qu'il soit désigné en premier lieu, n'y a qu'un droit éventuel soumis à la condition suspensive d'être existant à la date fixée par la police. Quant aux bénéficiaires désignés subsidiairement, leur droit ne s'ouvre que par le fait du prédécès de l'époux bénéficiaire avant cette époque. Mais par suite de l'effet rétroactif résultant de l'avènement de la condition, le bénéficiaire qui recueillera le capital assuré sera considéré comme y ayant eu droit du jour de la police, et il y aura lieu à l'application des mêmes règles que si son droit s'était ouvert au moment du décès.

147 — Mais comme le bénéficiaire désigné en premier lieu n'a au moment du décès qu'un droit éventuel au bénéfice de l'assurance, on ne peut le comprendre dans la liquidation de la communauté; il doit rester dans l'indivision, et il y aura lieu à un supplément de liquidation lorsque le capital assuré sera échu.

CHAPITRE VII

De l'assurance entre époux sous les régimes de séparation de biens et de non-communauté, et sous le régime dotal.

SOMMAIRE

I. Généralités.

SECTION I. — SÉPARATION DE BIENS.

II. Patrimoines séparés.
III. Mari.
IV. Femme.
V. Survivant des époux.
VI. Profit personnel.

SECTION II. — NON-COMMUNAUTÉ.

VII. Mari.

VIII. Femme.
IX. Survivant des époux.
X. Profit personnel.

SECTION III. — RÉGIME DOTAL.

XI. Biens dotaux.
XII. Biens paraphernaux.
XIII. Société d'acquêts.

148 — **I. Généralités.** — Lorsque les époux sont mariés sous un régime autre que celui de la communauté, la dévolution de l'assurance ne présente pas les mêmes difficultés ; car chacun des époux ayant, sous ces régimes, un patrimoine séparé, l'assurance est, dans la plupart des cas, soumise aux mêmes règles que si le bénéficiaire était un étranger. Aussi nous allons nous borner à donner quelques brèves explications sur ces différents régimes, en prévoyant les divers cas qui peuvent se produire.

SECTION I

Séparation de biens

149 — **II. Patrimoines séparés.** — Le caractère distinctif du régime de la séparation de biens, c'est que chacun des époux conserve la propriété des biens qui lui appartiennent ; il y a deux patrimoines distincts : celui du mari et celui de la femme. Aussi les époux ont l'administration des biens qui leur sont propres et la femme peut, même sans l'autorisation de son mari, disposer de son mobilier (C. civ., 1449). Sous ce régime, l'assurance entre époux peut être assimilée, au point de vue de sa dévolution, à l'assurance entre étrangers.

150 — **III. Mari.** — Si l'assurance est souscrite par le mari au profit de sa femme, celle-ci a droit au bénéfice à titre propre et personnel, comme profitant d'une stipulation pour autrui, *supra* n° 44 ; sauf, le cas échéant, à effectuer le rapport fictif à la succession de son mari, du montant des primes qu'il a payées, et de les imputer sur la quotité disponible entre époux et sur les droits d'hérédité en usufruit qui lui sont dévolus en vertu de l'art. 767 C. civ., *supra* n° 75.

151 — IV. Femme. — La femme, sous le régime de la séparation de biens, peut souscrire une assurance sur sa vie au profit de son mari et s'obliger au payement de primes annuelles, sans avoir besoin de son autorisation : c'est là, en effet, un acte d'administration, et la femme ne fait que disposer de ses revenus ; par conséquent, cette opération rentre dans les limites permises par les articles 1536 et 1549 du Code civil.

152 — L'attribution de l'assurance souscrite par la femme s'opère de la même manière et d'après les mêmes règles qu'en ce qui concerne l'assurance contractée par le mari au profit de sa femme, *supra* n° 150.

153 — V. Survivant des époux. — Lorsque les époux contractent conjointement, et par une seule police, une assurance payable au survivant, chacun d'eux doit être considéré comme payant de ses deniers personnels moitié des primes : le survivant a droit au bénéfice de l'assurance à titre propre et personnel, comme si l'assurance avait été faite uniquement par l'époux prédécédé ; mais, toutefois, comme il a payé moitié des primes, il ne doit le rapport fictif que de l'autre moitié, la libéralité consistant seulement dans cette moitié.

154 — VI. Profit personnel. — S'il s'agit d'une assurance souscrite par l'un des époux à son profit personnel sur la tête de son conjoint (*supra* n° 125), le capital assuré revient à l'époux souscripteur, comme profitant d'une opération qu'il a faite pour son compte personnel, puisqu'il a effectué le payement des primes de ses propres deniers ; la succession de l'époux sur la tête duquel l'assurance avait été souscrite n'y a aucun droit : Seine, 2 janv. 1887 ; Rep. Defrénois, 3720.

155 — Toutefois, si l'époux souscripteur venait à décéder avant celui-ci, l'assurance dépendrait de sa succession et devrait être comprise dans l'actif successoral pour sa valeur à cette époque ; cette valeur serait déterminée par la somme pour laquelle la compagnie l'aurait rachetée.

SECTION II.

Non - communauté

156 — VII. Mari. — Sous le régime exclusif de communauté, l'assurance souscrite par le mari au profit de sa femme doit être attribuée à celle-ci d'après les règles que nous avons exposées, *supra* n° 150, pour le régime de séparation de biens.

157 — VIII. Femme. — Mais à l'égard de l'assurance contractée par la femme au profit de son mari, la situation est toute différente : tandis que, sous le régime de séparation de biens, la femme conserve l'administration de ses biens et le droit de disposer de ses revenus, sous le régime de non-communauté, c'est le mari seul qui a l'administration et la jouissance de la totalité des biens de sa femme ; en conséquence, les primes payées par la femme sont en réalité payées avec les deniers du mari, et le capital assuré qu'il touche au décès de celle-ci lui revient comme conséquence d'une opération faite avec ses propres deniers ; il n'y a donc pas là de libéralité et le mari ne doit effectuer à la succession de sa femme aucun rapport fictif.

158 — IX. **Survivant des époux.** — Quand l'assurance est souscrite conjointement par les époux au profit du survivant, l'époux qui survit doit, ainsi que nous l'avons expliqué, *supra* n° 123, être considéré comme seul bénéficiaire, de la même façon que si l'assurance avait été souscrite directement à son profit ; il y a donc lieu de faire l'application des règles que nous venons d'indiquer dans les deux numéros précédents.

159 — X. **Profit personnel.** — En cas d'assurance par un époux à son profit personnel sur la tête de son conjoint, il faut distinguer suivant que l'assurance est souscrite par le mari ou par la femme. Si c'est le mari qui l'a souscrite, il y a droit à titre exclusif comme ayant fait une opération pour son compte personnel. Mais si c'est la femme qui, avec l'autorisation de son mari, a contracté une assurance de cette nature, elle bénéficie d'une opération faite avec les deniers de son mari et elle est tenue d'effectuer le rapport fictif à sa succession du montant des primes qui ont été payées.

SECTION III.

Régime dotal

160 — XI. **Biens dotaux.** — Lorsque, sous le régime dotal, tous les biens de la femme sont dotaux, c'est le mari qui en a l'administration et la jouissance ; par conséquent, tous les revenus des biens de la femme appartenant au mari, la dévolution de l'assurance souscrite par la femme est soumise aux mêmes règles que sous le régime de la non-communauté, *supra* n°ˢ 156 et suiv.

161 — XII. **Biens paraphernaux.** — Mais si la femme a des biens paraphernaux, l'administration et la jouissance de ces biens lui appartiennent ; et on doit, dans ce cas, appliquer les règles indiquées pour le régime de la séparation de biens, *supra* n°ˢ 150 et suiv.

162 — XIII. **Société d'acquêts.** — Lorsqu'une société d'acquêts est jointe au régime dotal, l'assurance souscrite par l'un des époux au profit de son conjoint se trouve soumise aux mêmes règles que sous les régimes de communauté (voir *supra* n°ˢ 89 et suiv.).

CHAPITRE VIII

De la faillite de l'époux assuré.

SOMMAIRE

I. Généralités.
II. Cas divers.
III. Mari.

IV. Femme.
V. Survivant des époux.

163 — **I. Généralités**. — Lorsque l'époux assuré meurt en état de faillite, ou que sa succession vient à être déclarée en faillite, la dévolution de l'assurance qu'il a contractée au profit de son conjoint ne se trouve-t-elle pas modifiée par suite de la déclaration de faillite? C'est ce point qu'il nous reste à examiner.

164 — **II. Cas divers**. — Trois cas peuvent se présenter, suivant que l'assurance est contractée par le mari au profit de sa femme, ou bien par la femme au profit de son mari, ou encore par le mari et la femme conjointement au profit du survivant.

165 — **III. Mari**. — Lorsque le mari a contracté une assurance sur sa vie en faveur de sa femme, celle-ci, nonobstant la faillite de son mari, a droit au bénéfice de l'assurance : c'est en ce sens que la Cour de cassation s'est prononcée par un arrêt du 22 février 1888 (Rép. Defrénois, art. 4459).

166 — Mais la question a longtemps été controversée et précédemment, la Cour de cassation, par un arrêt du 2 mars 1881 (Rép. Defrénois, 236), avait admis que le capital assuré dépendait de l'actif de la faillite et revenait aux créanciers : elle s'appuyait sur l'article 564 du Code de commerce, qui interdit à la femme d'un mari commerçant d'exercer, en cas de faillite de son époux, aucune action à raison des avantages portés au contrat de mariage, et on en concluait qu'elle ne pouvait, à plus forte raison, se prévaloir des libéralités que le mari lui avait faites pendant le mariage. Comme on considérait que l'assurance avait le caractère d'une libéralité, on lui appliquait ces règles (En ce sens : Trib. Troyes, 27 décembre 1882; trib. Mâcon, 24 février 1883; trib. Lyon, 18 mars 1885; Alger, 9 juin 1885; Douai, 9 juin 1886; Amiens, 8 mai 1888; Rép. Defrénois, 4478, 4643, 2728, 3407).

167 — Mais cette opinion reposait sur une fausse application des principes qui régissent l'assurance sur la vie. Ainsi que nous l'avons vu, *supra* n° 74, le capital assuré, ne prenant naissance que par suite du décès de l'assuré, ne dépend pas de sa succession, puisqu'il n'a jamais fait partie de son patrimoine; il appartient à la femme à titre propre et

personnel, comme profitant d'une stipulation pour autrui : il est donc incontestable que la faillite, pas plus que les créanciers du mari, ne peuvent y prétendre aucun droit (Conf.: Montpellier, 15 mars 1886; Aix, 24 mars 1886; trib. Clermont-Ferrand, 24 mai 1886; trib. Reims, 7 avril 1887; Besançon, 8 mars 1887; Lyon, 1er mai 1888; Rép. Defrénois, 3339, 3340, 3364, 3920, 4483; Alger, 17 oct. 1892; Journ. Assur., 93, 89).

168 — Quant aux primes payées par le mari, avec ses deniers, la femme n'en doit pas, en principe, le rapport à la masse de la faillite, car en raison de leur modicité, ils doivent être considérés comme pris uniquement sur les revenus, et n'ont, en aucune façon, constitué un appauvrissement pour le mari. Toutefois, il en serait autrement si l'assurance était hors de proportion avec la fortune de l'assuré et que les primes fussent très élevées : dans ce cas, il y aurait une véritable libéralité en ce qui concerne les primes et le rapport en serait dû à la masse de la faillite (Cass., 22 février 1888, 7 août 1888, 23 juillet 1889; Rép. Defrénois, 4259, 4455, 4901. Voir aussi Aix, 24 mars 1886; Rép. Defrénois, 3364; Montpellier, 15 mars 1886; Nancy, 17 janv. 1886; D. 89, 11, 153; Paris, 19 mai 1890; Journ. assur., 90, 405. Voir cep. trib. Clermont-Ferrand, 24 mai 1886; Lyon, 1er mai 1888; Rép. Defrénois, 3339, 4483; trib. Lyon, 31 janv. 1891; Journ. assur., 91, 139; Alger, 17 oct. 1892; Journ. assur., 93, 89).

169 — Mais pour que la femme ait droit au capital assuré, il faut qu'elle accepte la stipulation faite à son profit, *supra* n° 81. A défaut de cette acceptation, qui peut avoir lieu même tacitement, le syndic est en droit d'exiger le payement entre ses mains du montant de l'assurance (Cass., 23 janvier 1889; Rép. Defrénois, 4774).

170 — IV. **Femme.** L'assurance souscrite par la femme en faveur de son mari doit être considérée comme étant un actif de la faillite de celui-ci, alors que les primes ont été payées avec ses deniers (Comm. Caen, 21 mai 1887; Journ. assur., 88, 523). Mais si la femme est mariée sous le régime de séparation de biens ou sous le régime dotal avec paraphernalité, *supra* n°° 152, 161 ; l'assurance lui appartient, et si son mari vient à être déclaré en faillite durant le mariage, les créanciers n'y ont aucun droit.

171 — Dans le cas où la femme serait commerçante et qu'elle viendrait à décéder en état de faillite, l'assurance reviendrait au mari à titre propre et personnel; et dans ce cas, on ne pourrait s'appuyer sur l'art. 564 C. comm., qui est seulement applicable en ce qui concerne les avantages faits par le mari à sa femme.

172 — V. **Survivant des époux.** — Quand l'assurance est faite par les deux époux au profit du survivant, nous avons vu qu'il y avait deux libéralités conditionnelles dont une seule était destinée à se réa-

liser, *supra* n° 123. Si le mari décède en état de faillite, la femme a donc droit au bénéfice de l'assurance à titre propre et personnel, sauf, s'il y a lieu, le rapport des primes à la masse de la faillite. Dans le cas où la femme viendrait à décéder la première, le capital assuré ferait partie de la faillite du mari.

DEUXIÈME PARTIE

DROIT FISCAL

CHAPITRE UNIQUE

Du droit de mutation par décès.

SOMMAIRE

173 — I. Texte législatif. — En droit fiscal, la dévolution de l'assurance sur la vie ne s'effectue pas de la même manière qu'en droit civil. Nous avons vu que l'assurance, au point de vue civil, n'était régie par aucun texte de loi et qu'il y avait lieu de lui faire l'application des principes généraux du droit. Il n'en est pas de même au point de vue fiscal : un texte législatif fixe le montant de la somme sur laquelle sont perçus les droits de mutation par décès.

174 — L'article 6 de la loi du 21 juin 1875 est ainsi conçu : « Sont considérées, pour la perception du droit de mutation par décès, comme faisant partie de la succession de l'assuré, sous la réserve des droits de communauté, s'il en existe une, les sommes, rentes ou émoluments quelconques dus par l'assureur à raison du décès de l'assuré. Les bénéficiaires à titre gratuit de ces sommes, rentes ou émoluments, sont soumis aux droits de mutation, suivant la nature de leurs titres et leurs relations avec le défunt, conformément au droit commun. »

175 — II. Objet spécial. — Les dispositions de l'article 6 de la loi du 21 juin 1875 ont eu pour objet de mettre fin à une controverse relative à l'exigibilité du droit de mutation par décès en cas d'assurance au profit de bénéficiaires déterminés; car certains tribunaux avaient admis que dans ce cas il n'était pas dû de droits de mutation par décès. Le but de cette loi est donc tout spécial; elle résout législativement une question fiscale, mais les questions relatives à l'attribution du bénéfice en droit civil sont restées en dehors de cette loi (Rapport de M. Berthault à l'Assemblée Nationale. Voir aussi Charleville, 29 août 1879 ; Garnier, R. P., 5490).

176 — III. **Règle de perception.** — En droit fiscal, le montant de l'assurance doit être considéré comme dépendant de la succession de l'assuré ; le bénéficiaire y a droit à titre de libéralité et les règles du rapport et de la réduction lui sont applicables. Il doit acquitter, d'après son degré de parenté avec le défunt, les droits de mutation par décès sur la somme qu'il touche en vertu de l'assurance.

177 — IV. **Emprunt; participation aux bénéfices.** — Les droits de mutation par décès ne sont dus que sur la somme réellement touchée par le bénéficiaire, en vertu du contrat d'assurance. Ainsi les prêts faits par la compagnie à l'assuré sur la valeur de la police doivent être déduits pour la liquidation de l'impôt de mutation. Mais, à un autre point de vue, si l'assuré, au lieu de toucher les sommes lui revenant pour sa participation dans les bénéfices (*supra* n° 103), les a laissées à la compagnie afin d'augmenter le capital assuré, les droits de mutation sont dus sur le montant total de la somme touchée par le bénéficiaire au décès de l'assuré.

178 — V. **Non-communauté.** — S'il s'agit d'une assurance souscrite par un époux non commun en biens, au profit de son conjoint, le capital assuré doit figurer à la masse active de succession ; l'époux bénéficiaire, n'y ayant droit qu'à titre de libéralité, doit en imputer le montant sur la quotité disponible entre époux, ainsi que sur les droits d'hérédité en usufruit qui lui sont dévolus par l'article 767 C. civ., modifié par la loi du 9 mars 1881.

179 — VI. **Communauté.** — Mais si les époux étaient mariés sous un régime de communauté, on doit tenir compte des droits de communauté ; il faut considérer, au point de vue fiscal, que l'assurance dépend de la communauté ; l'époux bénéficiaire y a droit, moitié en qualité de commun en biens et moitié à titre de libéralité. Cette dernière moitié est seule assujettie aux droits de mutation par décès, et doit être imputée sur la quotité disponible entre époux, sauf réduction, le cas échéant (S.-l., 4 avril 1878; Saint-Quentin, 28 juin 1878; Charleville, 29 août 1879; Garnier, R. P., 5018, 5490; Melun, 23 décembre 1887; Rép. Defrénois, 4709).

180 — VII. **Ibid.; nue propriété et usufruit.** — Quand une assurance est souscrite par un époux au profit de son conjoint pour l'usufruit et au profit de ses enfants pour la nue propriété, les droits de mutation par décès sont dus par l'époux bénéficiaire sur moitié de l'usufruit qu'il recueille à titre de libéralité, l'autre moitié lui revenant comme commun en biens, et par les enfants sur le capital assuré. La solution ne

serait plus la même si la nue propriété était attribuée au profit de bénéficiaires incertains et indéterminés, par exemple, les enfants nés ou à naître, les héritiers ou ayants droit; dans ce cas, la nue propriété du capital assuré ferait partie de la communauté et, au point de vue de la liquidation de l'impôt de mutation, l'époux bénéficiaire aurait droit sur le montant du capital assuré à une moitié en toute propriété en qualité de commun, et à l'autre moitié en usufruit à titre de libéralité; les héritiers n'auraient droit qu'à la nue propriété de moitié du capital assuré.

181 — VIII. **Renonciation au bénéfice de l'assurance.** — Si l'époux bénéficiaire du contrat d'assurance y renonce, le capital assuré tombe dans '. communauté et il n'est dû aucun droit particulier au décès de l'assuré (Château-Thierry, 27 novembre 1885; Rép. Defrénois, art. 3325); mais la renonciation doit être effectuée avant de toucher le capital assuré (Melun, 23 décembre 1887; Rép. Defrénois, 4709).

182 — IX. **Renonciation à communauté.** — En cas de renonciation par la femme à la communauté, l'assurance que son mari a contractée à son profit dépend de sa succession et l'épouse survivante est considérée comme ayant droit au bénéfice de l'assurance, uniquement à titre de libéralité; en conséquence, le droit de mutation par décès est perçu sur la totalité du capital assuré (Lille, 20 décembre 1878; Garnier, R. P., 5337; Arras, 17 mai 1893; Cass., 21 octobre 1896; Rép. Defrénois, art. 7411, 9288).

183 — X. **Prédécès du bénéficiaire.** — Quand l'époux bénéficiaire vient à décéder le premier, l'assurance qui a été souscrite à son profit par son conjoint dépend de la communauté pour sa valeur de rachat au jour du décès (Sol., 15 avril 1889; Rép. Defrénois, 5616), ou, si les primes des trois premières années n'ont pas encore été payées, d'après l'estimation faite par les parties.

184 — XI. **Assurance par deux époux au profit du survivant; police unique.** — L'assurance contractée par deux époux par une seule et même police, pour être payable, lors du décès du prémourant, au survivant, est considérée en droit fiscal comme ayant le caractère d'un acte à titre onéreux. L'époux bénéficiaire est réputé avoir droit au capital assuré, en vertu d'une stipulation personnelle et non d'une disposition faite à son profit par son conjoint; il ne doit donc aucun droit de mutation. Toutefois, si les époux étaient mariés sous un régime de communauté, l'époux survivant devrait faire récompense du montant des primes payées des deniers communs, sans toutefois que cette récompense puisse dépasser le montant du capital assuré auquel il a droit (Sol., 28 février 1878).

185 — XII. **Ibid.; polices distinctes.** — Si l'assurance a été faite par deux polices distinctes, l'époux survivant a droit au capital assuré,

en vertu du contrat le concernant, comme si l'autre police n'existait pas ; le montant de l'assurance fait partie de la succession de l'époux prédécédé ou de la communauté, s'il en existe une, et revient à l'époux bénéficiaire, ainsi qu'il est dit *supra* n° 112 (Sol., 2! avril 1879 ; Charleville, 29 août 1879 ; Garnier, R. P., 5490). Quant à la police souscrite par l'époux survivant, elle dépend de la communauté pour sa valeur de rachat, *supra* n°* 106, 110.

186 — XIII. **Assurance mixte.** — L'assurance mixte n'est assujettie aux droits de mutation par décès que si l'assuré vient à décéder avant le terme fixé pour la durée de l'assurance ; dans ce cas, l'époux bénéficiaire recueille le capital assuré dans les mêmes conditions que si l'assurance avait été contractée pour la vie entière.

187 — Le droit de mutation est également exigible, alors même que le montant de l'assurance n'est payable qu'à une époque déterminée, et que plusieurs bénéficiaires sont désignés successivement (*supra* n° 144). On doit considérer que l'assurance revient au bénéficiaire désigné en premier lieu, et les droits de mutation par décès sont dus suivant son degré de parenté avec l'assuré. Si ce bénéficiaire décède avant le terme fixé, le bénéficiaire subséquent doit imputer sur les droits de mutation qu'il doit ceux qui ont été payés par le premier bénéficiaire. Par conséquent, aucun droit de mutation n'est dû si le montant des droits dont il est tenu est inférieur à ceux déjà payés (voir Avranches, 5 août 1889 ; Sol., 15 avril 1889 ; Rép. Defrénois, 5610).

188 — XIV. **Prescription.** — La prescription des droits de mutation par décès sur le capital assuré est de dix ans à partir du jour du décès, si le bénéficiaire, ne recueillant pas d'autres biens, n'a fait aucune déclaration de succession (L. 22 frim. an VII, art. 61, et 18 mai 1850, art. 11 ; Lille, 20 décembre 1878 ; Garnier, R. P., 5200).

189 — Mais il n'y a qu'une simple omission lorsque le bénéficiaire a omis de mentionner l'assurance dans la déclaration de succession, et la prescription, dans ce cas, est de cinq ans à partir du jour de la déclaration de succession.

190 — La prescription biennale pour insuffisance est applicable si l'assurance n'a été comprise dans la déclaration de succession que pour le montant des primes payées, et non pour le capital assuré (Mantes, 19 juin 1880 ; J. E. 21859).

TABLE DES MATIÈRES

Les sommaires se trouvent en tête de chaque chapitre

22

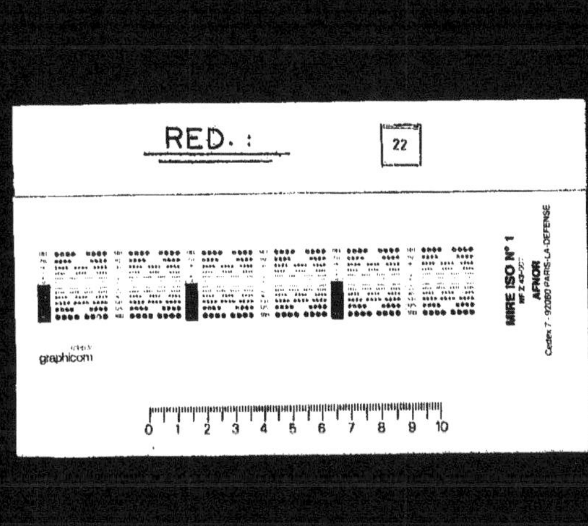

MIRE ISO N° 1
NF Z 43-207
AFNOR
Cedex 7 - 92080 PARIS-LA-DÉFENSE
graphicom
0 1 2 3 4 5 6 7 8 9 10